汉语水平考试(HSK)模拟试题集

HANYU SHUIPING KAOSHI
MONI SHITI JI

(高等)

主编 红 尘
编委 孙瑞珍 吴叔平

华语教学出版社 北京
SINOLINGUA BEIJING

出版说明

　　本套《汉语水平考试(HSK)模拟试题集》(包括 HSK 基础、HSK 初中等、HSK 高等三个等级),是由国家对外汉语教学领导小组办公室立项,聘请几位长期从事对外汉语教学、有着丰富教学经验的教授编写而成。考试的每个等级互相衔接,构成了国家级考试 ——中国汉语水平考试(HSK)的完整体系。凡通过考试,成绩达到规定的等级标准者,由中国国家汉语水平考试委员会统一颁发《汉语水平证书》。

　　该模拟试题集的编写是根据国家汉语水平考试委员会办公室编制的汉语水平考试大纲规定的常用词汇、常用汉字、常用语法项目进行设计和编排;习题设计紧密结合考生在学习中遇到的难点,有着很强的针对性。

　　该模拟试题集,采用强化训练的方式,帮助考生加强对汉语主要语言点和基本词汇的正确理解和熟练运用。本书设计的五套试题其形式均与实际考试相吻合,考生在通过大量的习题练习后,定会对试题结构、考试形式有深刻的了解,为应考做好充分准备,胸有成竹地参加考试。

　　汉语水平考试(HSK)是为母语非汉语者设立的国家级标准化考试,目的是为了测量汉语学习者的汉语语言能力。该考试不以任何特定教材或教程的内容为依据,力求给应试者一个均等、公正、客观的条件,考出真正的汉语水平。

　　祝你成功!

目　录

考 生 须 知

汉语水平考试(高等)主考用语

(一)

> 朋友们、同学们,你们好!
>
> 今天举行高等汉语水平考试,除准考证、手表、铅笔、直尺和橡皮外,其他东西一律不准放在桌子上。请把准考证放在桌子的右上方。
>
> 高等汉语水平考试包括三部分内容,我们首先进行120题的笔试,然后休息10分钟,再进行作文考试和口试。现在请监考老师分发试卷和答卷。拿到试卷后,请不要打开,听到打开的命令后,再打开。
>
> 现在开始播放考试说明。如果哪位听不清楚,请举手示意。请大家戴上耳机。

(二)

> 朋友们,同学们,你们好!
>
> 欢迎大家参加今天的高等汉语水平考试,祝各位取得好成绩。谢谢。

(三)

> 现在宣布考场纪律:
> 1. 考试过程中不许说话,不许作弊。
> 2. 未经允许不得离开座位,如有特殊情况请举手示意。

(四)

> 考试材料有两种:一种是试卷,一种是答卷。答案必须写在答卷上,不能写在试卷上。

(五)

> 现在请大家用铅笔填写汉语水平考试答卷,请大家参照自己准考证的式样逐项填写姓名、国籍(或民族)、性别、考点代号和序号。然后填写试卷号码。请注意,试卷号码在试卷的右上方。填写时横道一定要画得粗一些,重一些,把括号画满。

（六）

　　　　现在请大家看试卷封面上的注意事项。

一、考试包括三项内容:听力理解、阅读理解、综合表达。全部考试时间约 105 分钟。

二、多项选择题每题都有四个供选择的答案,要求在答卷上划出代表正确答案的字母,
　　每题只能画一横道,多画作废。请注意,横道一定要画得粗一些重一些。

三、注意看懂题目的说明,严格按照说明的要求,在规定的时间内,回答规定的试题。不
　　能提前做,也不能退后做。

（七）

　　　　请撕开试卷上的密封条,打开试卷,翻到第一页第一部分,请注意,"听力理解"考试
只放一遍录音,每道题后有 10 到 15 秒钟时间供你选择答案,请你一边听,一边答。好,
"听力理解"考试,现在开始。

（八）

　　　　请大家摘下耳机,现在开始"阅读理解"考试,时间总共是 40 分钟。请注意:"阅读理
解"考试分两部分,第一部分,41 题到 55 题,共 15 个题,时间是 15 分钟。这 15 个题的答
案,要用汉字写在答卷的横线上。不要在[A][B]上涂画。

（九）

　　　　"阅读理解"第一部分,还剩 5 分钟。

（十）

　　　　"阅读理解"第一部分考试现在结束,请进入"阅读理解"第二部分。从 56 题到 80
题,共 25 题,时间是 25 分钟。

（十一）

　　　　"阅读理解"第二部分,还剩 5 分钟。

（十二）

　　　　"阅读理解"第二部分考试现在结束,请进入"综合表达"考试,从 81 题到 120 题,共
40 题,时间是 40 分钟。

（十三）

"综合表达"还剩 5 分钟。

（十四）

"综合表达"考试现在结束,请大家马上放下笔,停止做题,合上试卷,核对自己的姓名、国籍、序号等是否正确。

（十五）

请监考老师收取试卷和答卷。

（十六）

现在休息 10 分钟,然后进行作文考试和口试。

（十七）

现在进行高等汉语水平考试的作文考试,请监考老师分发作文试卷和答卷。

（十八）

考试材料有两种:一种是试卷,一种是答卷,作文必须写在答卷上。请一律用铅笔书写。

现在请大家在答卷上填写姓名、国籍、试卷号码、序号等项内容。

作文考试现在开始,时间是 30 分钟。

（十九）

作文考试还剩 5 分钟。

（二十）

作文考试现在结束,请大家马上放下笔,核对自己的名字、序号等是否正确。

现在请监考老师收取作文试卷和答卷。请大家保持安静,等候进行下面的口试。

(二十一)

请监考老师分发口试试卷。

(二十二)

请打开放在桌子左上角的磁带盒,拿出里面的卡片,在卡片上填写姓名、国籍、序号和试卷号码等项内容(停30秒)。请把填好的卡片,仍然放进磁带盒里。

现在请大家看试卷上的注意事项,一边听,一边看。

(1) 考试时间总共20分钟,准备,10分钟;考试,10分钟。

(2) 准备时可以写口试提纲,作为回答问题时的参考。提纲可以写在考题下面的空白处。

(3) 考试共有两项:

〈1〉朗读一段文章,时间约用2分钟。

〈2〉口头回答指定的两个问题,每个问题约用3分钟。请按规定时间完成每一项考试内容,回答问题不能过于简单。

(4) 考试是用录音的形式,你的口试答案都要录在磁带上,录音机由主考人统一操作。

〈1〉考试开始,当你听到"现在开始进行口试"的指令时,你应该按照卡片上填写的内容说:

我的序号是××××××,试卷号码是×××××××。我的名字叫×××,我是××国人。

现在我开始朗读文章。

〈2〉朗读完毕,中间不停顿,你应该说:朗读完了,现在我回答第一个问题。

〈3〉第一个问题回答完以后,中间不停顿,你应该说:第一个问题回答完了,现在我回答第二个问题。

〈4〉第二个问题回答完以后,你应该说:问题全部回答完了。

〈5〉考试结束,由主考统一关机。

现在开始进行准备,准备时间是10分钟。

(二十三)

准备时间还剩3分钟。

（二十四）

> 准备时间已结束,请大家放下笔,带上耳机,调整好话筒。
> 请看一看自己的录音带是否正常转动,有问题者请举手。
> 现在开始进行口试。

（二十五）

> 考试到此结束,请大家停止回答问题。
> 请大家听一听自己的答案是否录下来了。
> 请大家摘下耳机,拿出磁带,装进磁带盒,并检查一下,卡片是否已在磁带盒中放好。
> 请保持安静。现在由监考老师收取试卷和答卷(磁带)。

（二十六）

> 现在可以离场,谢谢大家的合作。

第一套模拟试题

1·1·1·1·1·1

一、听 力 理 解
(40题,约25分钟)

第 一 部 分

说明:1—25题,在这部分试题中,你将听到几段讲话或对话。每段话之后,你会听到
若干个问题,每个问题都有四个书面答案,请你从中选择出唯一正确的答案。

例如,第1—8题,你听到:

女:李玉田的对象怎么样?

男:论人品,没的挑;论长相,不敢恭维。

女:他不是非要找个漂亮的吗?

男:这你就不懂了,这就叫"情人眼里出西施"啊!

第三个人根据这段对话提出两个问题:

8.李玉田想找个什么样的对象? 你会在试卷上看到四个答案:

    A. 人品好的

    B. 长相好的

    C. 不爱挑毛病的

    D. 喜欢恭维人的

    根据对话,第8题唯一正确的答案是**B**,你应在答卷上找到号码8,在字母**B**

上画一横道:

8. [A]   [B]   [C]   [D]

    你又听到:

9. 男的认为李玉田的对象长得怎么样? 你会在试卷上看到四个答案:

    A. 比较漂亮

    B. 胜过西施

    C. 不太漂亮

    D. 不敢公开

    根据对话,第9题唯一正确的答案是**C**,你应在答卷上找到号码9,在字母**C**

上画一横道:

9. [A]   [B]   [C]   [D]

1. A. 中国国际时装周
   B. 中国广告周
   C. 中国电影周
   D. 中国模特周

2. A. 第三名
   B. 第一名
   C. 第二名
   D. 最后一名

3. A. 美国
   B. 英国
   C. 中国
   D. 法国

4. A. 继续拍广告
   B. 当歌手
   C. 画画儿
   D. 进军影视

5. A. 公历 4 月 15 日
   B. 公历 5 月 4 日
   C. 公历 4 月 4 日或 5 日
   D. 公历 4 月 10 日

6. A. 亲戚、朋友集会
   B. 互相探望
   C. 大家在一起运动
   D. 为亲戚、朋友扫墓

7. A. 情人节
   B. 娱乐节
   C. 踏青节
   D. 风筝节

8. A. 面粉制作和豆类制作
   B. 饮料
   C. 肉类食品
   D. 蔬菜

9. A. 200 年前
   B. 1000 年前
   C. 2000 年前
   D. 古代

10. A. 碳水化合物少
    B. 蛋白质少
    C. 豆制品太多
    D. 制作方法简单

11. A. 家庭的主人
    B. 做饭做菜的
    C. 收拾房间的
    D. 负责钱财的

12. A. 男性
    B. 中青年女性
    C. 老年女性
    D. 家庭中每一个成员

13. A. 朋友
    B. 母子
    C. 师生
    D. 夫妻

14. A. 怕他累着
    B. 怕他再去打麻将
    C. 怕出车祸
    D. 怕孩子着急

15. A. 机场
    B. 机关
    C. 学校
    D. 火车站

16. A. 怕天气不好
    B. 怕上班迟到
    C. 怕生病
    D. 怕赶不上飞机

17. A. 什么都不怕
    B. 没有害怕的事
    C. 怕偶然出现不好的事情
    D. 怕有很多钱

18. A. 治病的方法
    B. 做饭的方法
    C. 减肥的方法
    D. 游泳的方法

19. A. 爬山
    B. 节食
    C. 打球
    D. 游泳

20. A. 多洗澡
    B. 少吃饭
    C. 吃减肥药
    D. 经常运动

21. A. 很不好
    B. 很好

C. 不太好
D. 非常喜欢

22. A. 没有时间
    B. 看电影太累
    C. 电影内容太陈旧
    D. 电影声音太小

23. A. 演员演得好
    B. 电影中的音乐好听
    C. 情节曲折有意思
    D. 电影的画面吸引人

24. A. 自己夸自己好
    B. 夸奖老王的瓜好
    C. 老王卖瓜卖得很好
    D. 老王夸卖瓜的人

25. A. 赞扬有智慧的人
    B. 赞扬善良的人
    C. 发现了有才能的人
    D. 同样的问题各人有各人的看法

第 二 部 分

说明:26—40题,请你听几段采访的实况录音。每段录音之后你将听到若干个问题,每个问题都有四个供选择的书面答案,请你从四个答案中选择唯一正确的答案。

26. A. 横渡大西洋
    B. 攀登世界七大洲最高峰
    C. 穿过大沙漠
    D. 徒步走欧亚大陆

27. A. 要对自己有所了解,才能胜利
    B. 要对别人有所了解,才能胜利

C. 对自己和对方有透彻的了解,才能胜利
D. 要取得胜利,必须了解历史情况

28. A. 从来没遇到过危险
    B. 遇到过危险,但不太多
    C. 遇到很多次危险,但每次都脱险了

D. 没有遇到危险的思想准备

29. A. 学校
    B. 家长
    C. 集体
    D. 个人和民族

30. A. 青年时代
    B. 工作的时候
    C. 小时侯
    D. 大学时代

31. A. 细致
    B. 带刺的幽默
    C. 直接
    D. 明白

32. A. 多看电影
    B. 多看小说
    C. 多练速写
    D. 多看展览

33. A. 要多和人接触
    B. 要多看喜剧、相声、杂文
    C. 要多和人开玩笑
    D. 要多思考

34. A. 非常难过
    B. 非常生气
    C. 非常赞赏
    D. 非常快乐

35. A. 曲折
    B. 幽默
    C. 滑稽
    D. 讽刺和强调

36. A. 漫画家
    B. 老师
    C. 编辑
    D. 作家

37. A. 小街
    B. 个体商贩
    C. 工艺品
    D. 服装

38. A. 家具
    B. 厨房用品
    C. 服装和工艺品
    D. 文具

39. A. 价钱便宜
    B. 颜色和款式新奇多样
    C. 东西的质量好
    D. 买东西方便

40. A. 不退货
    B. 商品卖得很快
    C. 欢迎顾客再来
    D. 不打折

二、阅读理解
(40题,40分钟)

第 一 部 分
(15题,15分钟)

> 说明:41—55题,请你在5分钟之内,快速阅读几段文章,每段文章的后面有若干个问题,请根据文章的内容,用最简洁的文字回答问题。答案要用汉字书写,汉字要写在答卷的横线上。

41—45

说起丝绸之路,人们自然会想起许多年前开辟这条道路的西汉外交家张骞。

西汉时,甘肃玉门关以西很大一块地区叫"西域",那里有大大小小几十个国家。那时候,中国北部的一个古老民族匈奴十分强盛,它征服了西域,并不断侵犯西汉领土。为了解除匈奴对西汉的威胁,西汉皇帝汉武帝派张骞出使西域,联络一个叫大月氏的国家,东西两面夹攻匈奴。

公元前138年,张骞带着100多人从长安出发,到西域去。没想到途中被匈奴捉住,扣留了10年。当张骞等人逃出来,到了大月氏的时候,大月氏已经迁移到西边更远的地方了,不想攻打匈奴了。张骞只好回到长安。回来时只剩下了两个人。张骞虽然没有达到出使西域的目的,但是了解了很多西域的地理、物产和人民生活情况,并把这些情况报告了汉武帝。

公元前119年,张骞第二次出使西域。这次,他带着300多人,访问了西域的很多地方,并给西域带去了丝绸、漆器等,同时也把西域的葡萄、石榴、胡桃、胡萝卜种子带回长安。大月氏等国家也派使者访问长安。

张骞两次出使西域,增强了汉朝与西域人民的了解和友谊。

张骞出使西域以后,中国和西方各国的商人、牧民、僧人、旅行家开始不停地行走在丝绸之路上。

元代初年,意大利旅行家马可·波罗来中国走的也是这条古道。马可·波罗在中国17年,写了一本有名的书《马可·波罗游记》。

在汉以后的一千多年时间里,丝绸之路一直是中国和西方经济文化交流的重要通道。中国的物产不断传人西方,西方的物产也不断传人中国,中国和西域各国在天文、历法、数学、医学、音乐、舞蹈方面也进行了广泛的交流,丝绸之路为中国和西方一些国家古代文明的发展发挥了重要作用。

41. 开通丝绸之路的人是谁?

42. 那时中国北部有一个古老的民族叫什

7

么名字?

43. 张骞第二次出使西域给西域带去了什么?

44. 元代初年,哪国的旅行家来中国走这条丝绸古道?

45. 丝绸之路一直是中国和西方哪方面的重要通道?

46—49

在中国传统文化中,家庭是社会的基本单元。整个社会被看作是家庭的延伸和扩大,在中国的家庭中,父子的血缘关系又是核心部分。所以,中国的家庭以父子为中心形成一个血缘关系小群体。一般的旧式大家庭是所谓四世同堂或三世同堂。二世同堂者已经带有新式家庭的味道。

"家和万事兴",家庭是小社会,只要家庭和睦便是社会安定的保证。直到今天,温馨、和睦的家庭依旧是绝大多数中国人的最基本的人生要求和理想。

在中国的家庭中,处处体现着"序",体现着传统的道德观。每个家庭成员都担负着几种角色,每个角色都有一定的行为规范、道德准则。做父母的,同时又是晚辈,是丈夫、妻子。因此,要给晚辈树立敬老、爱幼的榜样。同时,他们又是社会人,还要表现出敬业、勤劳、谦虚、自爱自立、善于持家、坚守信义等优良品德,才能培育出好子女和模范公民。因此,家教历来为中国人所重视,"缺乏家教"自古至今都是对一个中国人极大的轻蔑。

"序"即秩序、等级、差别以及体现它的道德准则,其目的是为了"和"。造成一个既缅怀祖先,又重视现在,爱护幼小,温馨可亲,团结和睦的家庭氛围。所有破坏这种氛围的言行都被视为大逆不道,这样的成员要

受全体家庭成员的批评。中国人强调每个家庭成员在群体中的位置和作用,要求全体家庭成员的协调一致。中国传统哲学从来重视整体,认为人群是自然的一部分,社会应该如自然界一样和谐。所以,这种强调人与群体之间关系的观念还是应当发扬的,尽管我们也应当吸收西方关于个人独立的观念。

"老有所终,幼有所养"的中国家庭,被西方人所羡慕。中国人合家团圆吃饭的场面,以及那场面所流露的温馨气,一直是西方游客最感兴趣的。他们极愿意也成为这场面的一员,享受人间的亲情。中国人所表现的东方式的浓浓亲情,是最可贵的情感之一。

46. 什么关系是传统的中国家庭的核心部分?

47. 什么是社会安定的保证?

48. 做父母的要给晚辈树立什么样的榜样?

49. 什么样的中国家庭被西方人所羡慕?

50—52

一提起种花,人们往往就想到那些比较名贵的茶花、兰花、米兰等等,其实要想多、快、好、省地大面积美化环境,最好利用适合北方地区的露地宿根花卉,使它群植在灌木丛前、林荫道边、绿茵边缘。同时应用不同形式的花境、花带配植上不同花期的宿根花,使得它们在绿色丛中不断开放,这样,绿化效应方能体现出一幅群体美的画面。

宿根花卉的优点非常多。首先它的生活力强,栽植后可多年生长,管理方便,有利于大面积种植。其次,它的适应范围广泛,有些种类还具有耐旱、耐涝、耐阴、耐瘠薄土壤,抗病虫性强的特性。有些品种种子成熟

落地后,无需花费人力即能扩大繁殖。此外,许多宿根花卉是名贵的药材或者可供食用,如芍药的根是药材,杭菊的花可泡茶,黄花菜的花蕾可以做菜……。因此,大量栽培后还可以得到额外的收获。

50. 要想大面积美化环境,在北方地区最好种植什么花卉?

51. 这种花卉除了有耐旱、耐涝、耐阴、抗病虫害强的特性外,还有什么特性?

52. 有些品种种子落地后,无需花费人力就能怎么样?

53—55

21世纪是蔬菜走向产业化、设施化、现代化、优质化、绿色化的世纪。主要发展方向和任务有:

大力发展设施蔬菜。设施有不同层次,在中国,21世纪的前期以发展简易温室(包括日光温室)、大棚为主。现代化温室造价太高,在消费水平尚不太高的情况下,现代化温室生产出来的产品,即使以成本价出售,大多数消费者也承受不了。只有等消费水平提高了,而温室设施生产成本降低后,才能在较大范围内推广。

积极推广滴灌设施。中国已被列为缺水国家。即使在雨水偏多的南方,由于降雨不均匀,仍然存在缺水季节。滴灌可节约用水,也可降低空气相对湿度,减轻病害,而且成本不太高,因此,积极推广滴灌设施是可行的。

大力开展绿色食品蔬菜生产的研究。中国目前生产的蔬菜对土壤、水源及空气的污染情况重视不够,而且大量施用农药。因此,在国际市场上没有竞争力。国内消费者随着生活水平的提高,对蔬菜的要求也会越来越高。因此,开展这方面的研究是十分必要的。

积极稳妥地发展高档珍稀蔬菜。从发达国家的蔬菜消费趋势可看出,大宗蔬菜的消费量呈逐年下降的趋势,而珍稀蔬菜呈上升的趋势。中国也有了这样的苗头。因此,今后应重视珍稀蔬菜的开发研究。

加强蔬菜优质、抗逆、抗病虫和适合设施栽培的新品种的选育。随着人们生活水平的提高,对蔬菜品质的要求会越来越高,优质蔬菜在国际市场上才有竞争力。抗病虫品种除了能降低生产成本外,更重要的是因为它是生产绿色食品所必需的。设施栽培面积在逐年增加,但缺乏自己的专用品种,因此,有必要加强多方面的研究。

53. 21世纪要大力发展什么蔬菜?

54. 21世纪要积极推广什么设施?

55. 中国应积极稳妥地发展什么蔬菜?

第 二 部 分

(25题,25分钟)

56—57

红娘是中国古代杂剧《西厢记》中的一个人物。作为小姐崔莺莺的侍女,她聪明勇敢、天真活泼。小姐崔莺莺遇见张生以后,两人产生了爱情。可是当时的社会不允许青年男女自由恋爱,莺莺的母亲也看不起张生,坚决反对他们恋爱。红娘不仅同情莺莺和张生,而且热情地帮助他们,为他们出主意,想办法,传送书信,终于促成了他们的结合。后来人们就把热心促成别人婚姻的人叫做"红娘"。随着社会的发展,现在人们也常把给别人介绍工作或推荐人才的单位和个人叫做"红娘"。还有叫"职业红娘""人才红娘"的。

56. 这段文字主要是介绍:

A.《西厢记》

B. 崔莺莺

C. 红娘

D. 张生

57. 后来的人把什么样的人称为红娘?

A. 热心促成别人婚姻的人

B. 演戏的人

C. 喜欢帮助别人的人

D. 为别人做事的人

58—59

这部电视剧描写的是:1943年秋天,在胶东某地区,贫农张老三的二闺女桃子嫁给了石匠于震海。桃子只盼嫁给一个安分守己的男人,平平安安地过一辈子。可是,命运偏偏跟她作对。当时,反动派加紧反对共产党,在胶东地区对共产党进行了血腥屠杀。桃子知道当共产党是要被杀头的,但是,自己的丈夫却偏偏是共产党,为此,她担惊受怕,忧心忡忡。

反动派孔秀才逞凶称霸,横施淫威;百姓遭殃,家破人亡,桃子的公公被孔秀才活活烧死;丈夫被逼出逃;房子被烧得片瓦无存;自己又被逮捕入狱,受尽迫害。残酷的斗争现实,震动和教育着桃子。桃子开始醒悟:要过好平安日子,就必须起来革反动派的命。桃子为了完成丈夫临行前让她保存的机密"红布包"的任务,终于忍受着极大的痛苦和耻辱,顽强地活了下来。

58. 这部电视剧反映的生活是:

A. 广东地区

B. 江苏地区

C. 河北地区

D. 胶东地区

59. 桃子的丈夫让她保存的"红布包"是:

A. 衣服

B. 机密

C. 书包

D. 金钱

60—63

过去不大被人重视的有色食品,如今日益受到青睐,对有色食品的偏爱已经逐渐成为食品消费的强劲新潮。

近些年来,随着物质生活的不断改善,"饥不择食"的时代已成为历史。在吃得饱、吃得好的基础上,人们还普遍要求所吃食品有更高的营养价值、更多的保健功能和更明显的医疗作用。

黑色食品格外引人注目。黑色食品,泛指含有黑色素和带有黑色字眼的粮、油、果、蔬、菌类食品。如:黑稻米、黑面包、黑芝麻、黑大豆、黑松子、黑木耳、黑香菇、乌骨鸡、墨鱼、海带、发菜等等。

现代医学认为,黑色食品不仅营养丰富,而且具有保健养颜、抗衰防老的功能,故又有"长寿食品"之称。如:<u>黑米含有人体不能自然合成的多种氨基酸,多种维生素和矿物质等,有滋阴补肾、健脾暖胃及活血明目等作用。</u>

绿色食品的营养保健价值正在日益被人看重。狭义的绿色食品指绿色蔬菜、果实及豆类,如青菜、韭菜、青豆、绿豆、青苹果等,因其含有丰富的维生素,天然营养成分多,成色新鲜,易于消化吸收而受到广泛喜爱。广义上的绿色食品是指一些国际环保组织及国家卫生部门批准生产并加以认可的营养食品,在生产过程中不污染环境,食品的加工也不受任何污染的安全食品。近年来,中国绿色食品不仅生产上形成规模,而且在流通领域建立起了销售网络。更为可喜的是人们日益树立起了绿色食品意识并踊跃消费绿色食品。

红色食品的消费热潮正在华夏大地普遍兴起。近年来,国内外医学界专家们认为,红米、红豆、红薯、西红柿、胡萝卜、红辣椒、红油菜、红枣、红苹果等红色食品中,含有胡萝卜素与其他红色素,能增加人体抵抗组织中细胞的活力。因此,多吃红色食品能提高人体预防和抵抗感冒的能力。

新近的研究还发现了多种有色食品的特殊意义。如:紫色茄子的营养价值要比白色茄子高,它可以增加微血管的抵抗力,防止血管脆裂出血,所以高血压、咯血、皮肤紫斑患者常食紫色茄子有相当种益;黄色蔬菜中的化学物质能在一定程度上预防心脏病和老年失明。

60. 近些年来,随着物质生活的不断改善,什么时代已经成为历史?

A. 战争时代

B. 饥不择食

C. 温饱时代

D. 革命时代

61. 黑色食品指的是:

A. 不好吃的食品

B. 发霉的食品

C. 有黑色素和带有黑色字眼的食品

D. 有营养价值的食品

62. 画线部分的意思是:

A. 黑米的颜色漂亮

B. 黑米对身体有好处

C. 黑米的味道很好

D. 黑米的营养价值不高

63. 紫色茄子可以防止:

A. 心脏病

B. 老年失明

C. 血管脆裂出血

D. 胃病

64—68

(一)自古中国就有治理江河的传统,并修建了很多有效的水利工程。在众多的古

11

代水利工程中最著名的是战国时期修建的都江堰。

（二）都江堰在四川省灌县的岷江上。岷江是一条凶猛的河流，奔腾的河水每年要带着大量沙石流入成都平原，淤塞河道，泛滥成灾。多少年来，岷江害苦了老百姓。

（三）公元前250年秦国派水利专家李冰去治理岷江。李冰根据西北地势高，东南地势低的地理特点，带领劳动人民凿山筑堤，建成了都江堰。

（四）都江堰主要包括分水鱼嘴、飞沙堰、保瓶口三部分。

分水鱼嘴是由沙石堆成的江中分水堤的顶端，样子好象是鱼的嘴。分水鱼嘴把岷江上游的来水分成两道，东面是内江，内江流入成都平原，灌溉万亩良田；西面是外江，外江是岷江的干流，以排洪为主。

飞沙堰在分水堤南面，是调节内江来水的溢洪道。飞沙堰是用竹笼装卵石筑成的低堰，内江水量小时，水被堰阻挡而进入保瓶口；水量大时，水和泥沙翻越低堰进入外江。遇到特大洪水，飞沙堰被水冲毁，内江的洪水会很快流入外江，仍然可以保障内江灌区的安全。保瓶口是内江水进入灌溉河道的咽喉，样子像个瓶口，有控制内江流量的作用。

（五）历代劳动人民通过对都江堰的治理，还总结出一条治水经验，叫"深淘滩，低作堰"，意思是每年要挖掘出江底的淤泥，飞沙堰要筑低些，不然，就失去了泻洪作用。

（六）都江堰建成后，减少了洪水灾害，灌溉了万亩良田，至今灌溉区已达到了近千万亩。据1990年中国政府确定的都江堰总体规划，灌溉区面积将发展到1400万亩，同时还将修建多座水库和水电站。这颗世界东方的水利明珠将会更加灿烂辉煌。

64．自古中国就有治理江河的传统，并修建了很多：

　　A．分水鱼嘴

　　B．保瓶口

　　C．飞沙堰

　　D．水利工程

65．都江堰在四川省灌县的：

　　A．长江上

　　B．岷江上

　　C．闽江上

　　D．松花江上

66．文章第四部分主要介绍：

　　A．都江堰的建筑方法

　　B．都江堰的历史

　　C．都江堰对人类的好处

　　D．都江堰的组成部分

67．历代人民通过对都江堰的治理，总结出一条治水经验是：

　　A．深淘滩，低作堰

　　B．控制流量

　　C．保障灌区安全

　　D．凿山

68．都江堰要筑低些，不然，就失去了：

　　A．淤塞河道作用

　　B．挖掘淤泥作用

　　C．灌溉作用

　　D．泻洪作用

69—73

春天该从哪一天算起呢？

我国阴历以正、二、三月为春季，四、五、六月为夏季，七、八、九月为秋季，十、十一、十二月为冬季，看来正月初一该是春天到来的第一天了。

然而，阴历并不精确地反映季节的变

迁。这是因为阴历是以月亮的盈亏来计算月份的;而季节的变迁则应当以地球的运行为依据,地球运行到哪一段上,北半球接受到的阳光最多、最热,就是夏季;反之,在哪一段上北半球接受到的阳光最少、最冷,就是冬季;介于这两季间的是春季和秋季。要用阴历正月初一作为春天的开始,则这一春到下一春可能要经过三百五十四天,也可能经过三百八十四天,日数相差达三十天。就农时,就人们的生活习惯来说,都是不恰当的。

于是,就有了以"立春"作为春天开始的计算方法。

"立春"是二十四节气之首。它固定在阳历2月4日或5日。许多人以为节气是按阴历推算的,其实它是按阳历推算的,是我们祖先为补救阴历不能反映自然界的变迁而创造的。节气的确相当精确的表述了自然界的变化。

如果光以地球运转为依据,那么"立春"作为春天的开始大概是正确的,因为此时正是阳光从最南的位置到适中的位置的过渡阶段,即是冬季到春季的过渡阶段。

然而如果真这样计算,那还是不符合天气变化的实际的。"立春"日的天气还相当寒冷。在我国北方,"立春"日可以冷到摄氏零下二十度左右。

问题在什么地方呢? 原来我们感到气候的冷热,并不是直接随太阳光的角度变化而变化的,而是随大地接受到太阳光的照射后,放出热量的多少而变化的,地球本身就是一个热容器。"春分"以后太阳愈来愈高,大地接受到越来越多的温暖,到"夏至"为顶点。可是大地要差不多迟一两个月才积累到足够的热量,使北半球气温达到最高点,

因此,北半球炎热的日子一般不在六月,而在七、八月。到了冬季,太阳斜照着地面,大地开始丧失热量,入不敷出,到"冬至"太阳在最南的位置,可是此时入不敷出尚未达到顶点,要等再过一个月后,北半球才因丧失热量过多而气温降至最低,此时,正好是"立春"前后。因此,往往冬季要到"立春"前后才最冷。

如果以气温变化来决定季节,那么,春天的开始应当在三月中旬以后,此时正是"春分"。因此天文学上是以"春分"为春季的开始。这样的四季起始期也确实反映了自然界的变化,如树木发芽,雷雨出现等等。

69. 用阴历正月初一作为春天的开始是:

A. 正确的

B. 不恰当的

C. 有道理的

D. 合理的

70. "立春"的时间是每年:

A. 阴历2月4日

B. 阳历2月4日或5日

C. 阳历3月4日

D. 阴历4月5日

71. 在我国北方"立春"日可以冷到:

A. 摄氏零下12度左右

B. 摄氏零上2度左右

C. 摄氏零下20度左右

D. 摄氏0度左右

72. 地球本身就是一个:

A. 冷热表

B. 放射器

C. 热容器

D. 运动器

73. 什么节气是春天的开始最合适?

A. 初一

B. 夏至

C. 立春

D. 春分

74—80

随着人类文明程度的日益提高,越来越多的中国家庭拥有了电视、空调、电冰箱等现代化的家用电器。21世纪中国人的目标放在汽车、电脑、装修豪华的住宅和美味方便的快餐上。然而,这种追求家庭现代化高消费的生活方式带来的不仅是舒适和文明,它也将环境污染带给每一个中国人。有些污染破坏着人们周围的空气、食品、水源和大自然的生态环境,影响着我们的身体健康,并给子孙后代造成隐患。因此,对这种消费带来的污染应引起警惕。

炎热的夏天,人们坐在装有空调的房间里,不时地打开电冰箱,取出新鲜美味的冷冻食品,边看电视边品尝食物,感到凉爽适宜。空调和冰箱给我们带来了方便和卫生。但冰箱也会使大气中的有害气体不断增多,这种气体会使空气中的臭氧层逐年变薄。部分有害气体的破坏力可持续数百年。臭氧层的主要作用是保护地球上生物免受太阳紫外线的辐射,臭氧层的减少,使人和动物的免疫功能受损害,并且使原来隐性的病毒因子、细菌菌体发生变异,产生毒害力很强的病原体,使人类和动物患上不治之症。并且,紫外线辐射的增强,会杀伤海洋表面的浮游生物,破坏和减少海洋生物的数量,造成海洋生物的食物链中断和缺少,最终使人类得不到丰富的海产品。紫外线的增加还可使农作物减产和动物繁殖力降低,造成人类所需的粮食和肉类发生危机。

据统计,在21世纪购买私人汽车的中国家庭将会大大增加,这意味着汽车进入中

国人家庭的时代已经到来。如果按照中国人口的数目实现每个家庭都拥有一辆小汽车计算,每天马路上的汽车尾气加上目前已有的摩托车的排气量可将整个城市淹没在烟雾云海之中。汽车尾气中含有大量的有害气体,可刺激人的眼、鼻、喉,引起支气管炎、肺炎、病毒性感冒,天长日久会诱发肺癌。有的有害烟雾对人的神经系统、骨骼发育影响极大。汽车尾气对于路旁树木的破坏也很明显。如果在大气压低、水分湿度过重时还可形成酸雨,给农作物和蔬菜的生长带来危害,使食品中所含的营养成分降低,并严重腐蚀建筑物。

随着城市住房面积的扩大,许多人追求豪华别致有个性的住房环境,用塑料、油漆等建筑材料装修房屋居室的越来越多,而大部分的涂料和建筑材料都含有对人体有毒性的有机溶剂。因此,在装修房屋居室时使用这些材料很容易损害人体和污染周围的空气、水质。如果盲目地追求浮华的高消费,浪费宝贵的自然资源,将会使环境更加恶化,子孙后代的资源更加贫乏。

74. 下面哪种说法符合这段文字的内容?

A. 汽车进入中国家庭

B. 保护地球上的生物

C. 追求现代化高消费

D. 高消费会带来污染

75. 空调和冰箱给我们带来了:

A. 方便和卫生

B. 美味

C. 豪华

D. 愉快

76. 冰箱中的有害气体会使空气中的臭氧层逐渐变:

A. 浓

B. 厚

C. 薄

D. 淡

77. 汽车尾气天长日久会使人诱发:

  A. 失明

  B. 神经病

  C. 肺癌

  D. 关节炎

78. 汽车尾气在大气压低、水分湿度过重时可形成:

  A. 大雪

  B. 酸雨

  C. 暴风雪

D. 雷阵雨

79. 大部分的涂料、建筑材料都含有对人体有毒性的:

  A. 水分

  B. 气体

  C. 有机溶剂

  D. 生物

80. 盲目地追求高消费会使环境更加:

  A. 贫乏

  B. 恶化

  C. 好转

  D. 美丽

三、综合表达

（40题，40分钟）

第 一 部 分

> 说明：81—90题，每段话都画出了 **ABCD** 四个部分，请挑出有错误的一部分，在答卷的
> 字母上画一横道。

81. <u>过去，在侗乡的每一座风雨桥上</u>，都安
    　　　　　　　A
    排有一位老人专门守桥。<u>但是，桥上</u>
    　　　　　　　　　　　　　　　B
    <u>经常沏有茶水</u>，<u>供来往的行人取饮。</u>
    　　　C　　　　　　　　　D

82. <u>今年春节，我们全家12口人从四面八</u>
    　　　　　　　A
    <u>方凑在了一起</u>，<u>老老少少特别高兴。</u>
    　　　　B
    <u>吃年夜饭时，大家一起举杯把酒喝</u>，祝
    　　　　　　　C
    <u>愿全家幸福、安康。</u>
    　　　D

83. <u>是他的话启发了我</u>，<u>跟我改变了主意。</u>
    　　　A　　　　　　　　　B
    <u>我决定明天就回老家去</u>，把老家的荒
    　　　　　　C
    <u>山承包下来，植树造林。</u>
    　　　D

84. <u>小王总到处乱放把东西</u>，<u>用时常常找</u>
    　　　　A　　　　　　　　B

不着。<u>我多次提醒他，让他养成好的</u>
　　　　　　　C
习惯，<u>他就是我行我素。</u>
　　　　　D

85. <u>蒙古族是中国北部边疆的一个少数民</u>
    　　　　　　　A
    族，<u>他们在草原上放牧着成群的牛、羊</u>
    　　　　　　　　　B
    <u>和马，他们喜欢吃牛羊肉</u>，常常使羊
    　　　　　C
    <u>肉切成小块再串成串儿烤着吃</u>，这叫
    　　　　　D
    羊肉串。

86. <u>中国有句古话："只要功夫深，铁杵也</u>
    　　　　　　　A
    <u>能磨成针"</u>，<u>不管做什么事</u>，<u>只要不怕</u>
    　　　　　　　B
    <u>困难，肯努力</u>，<u>可见，什么事都可以做</u>
    　　　C　　　　　　D
    成。

87. <u>我非常喜欢桂林的山和水</u>，更喜欢那
    　　　　　　A

里的风土人情,我三次一连去桂林,如
　　　B　　　　　　C
果有机会,我还想再去。
　　　　D

88. 一个阴雨连绵的夜晚,我急切地读着
　　　　　　　　A
远方的来信,才知道在风雪中行进的
　　　B　　　　　　　　　C
汽车掉山谷,我亲爱的姐姐永远地留在
　　　　　　　D
昆仑山了。

89. 意大利足球队在北京时间今天凌晨4
点半钟结束的第12届世界杯足球赛
　　　　　　　　　　　A

中,从而,以三比一战胜了西德队,获
　　　　　　　　　　B
得冠军,成为世界足球史上第二个三
　　　　　　　　C
次夺得世界冠军的足球队。
　　　　　D

90. 不论在进藏的飞机上,在拉萨街头,记
　　　　　　　　A
者都碰见了不少前来旅游的外国朋
　　　　　　　　　　　B
友。他们兴致勃勃地参观布达拉宫和
　　　　　　　　　　C
大小寺庙,还不时地在街头上买各种
　　　　　　　　　　　D
各样的工艺品。

第 二 部 分

说明:91—100 题,每段话中有 3—5 个空儿,请根据语境要求在 ABCD 四组答案中,选择一组最恰当的答案,在答卷的字母上画一横道。

91. 在中国的传统婚姻中,媒人_____着重要角色。_____都能说会道,_____讲对方的优点,以促使成婚。
　　A. 装扮　　一切　　可能
　　B. 担当　　一般　　尽量
　　C. 扮演　　一概　　主要
　　D. 承担　　一律　　大量

92. "龙舟"是一种_____成龙形的船,是一项历史_____的水上竞赛活动,世界各地的华人对"龙舟赛"_____出极大的

热情。这和中国人对龙的_____有关。
　　A. 化妆　　长久　　显示　　想法
　　B. 装饰　　悠久　　表现　　信仰
　　C. 设计　　悠然　　表示　　看法
　　D. 建造　　悠久　　发生　　信念

93. 在现代人眼里,白色_____着纯洁,但在古代汉族的_____中,白色却不吉、凶丧或战争不利。
　　A. 象征　　说明　　定为
　　B. 代表　　规定　　作为

17

C. 象征　　习俗　　代表
D. 代表　　现象　　看作

94. _____联产承包责任制后,农村经济_____了,农民生产积极性_____了,剩余的_____劳动力,急需_____到出路。

A. 实行　好　变大　大宗　摸
B. 实现　快　增加　大堆　看
C. 实行　活　提高　大批　找
D. 开始　来　找到　大量　寻

95. 我从事的是一_____前无古人的_____,_____作品不愁销路,却非常_____得到社会的认可和同行的理解与支持。

A. 次　　事件　　当然　　向往
B. 项　　事业　　虽然　　渴望
C. 个　　事情　　可是　　渴望
D. 种　　情况　　虽然　　等待

96. 我们人类祖祖辈辈在陆地上生活,_____把陆地看作自己的故乡。但是不要忘记,我们很远的祖先_____生活在海洋,海洋_____他们真正的故乡。

A. 总是　　虽　　就是
B. 还是　　且　　只是
C. 总是　　却　　才是
D. 也是　　虽　　才是

97. _____探讨人类的问题,我们_____了解我们的星球。长期_____,地球——大气系统与外层空间是_____热量平衡的。

A. 只有　　还是　　以后　　保证
B. 因为　　只能　　之后　　保护
C. 为了　　必须　　以来　　保持
D. 为了　　不仅　　下去　　保持

98. 近年来,北京市劳动服务公司系统,先后_____六千多期培训班,_____了商业、剪裁、幼教、烹饪等一百多个专业,_____青年二十六万人,受到许多下岗人员的_____。

A. 举办　　开设　　培训　　欢迎
B. 建设　　发现　　繁殖　　高兴
C. 开展　　培养　　培植　　热爱
D. 举行　　开始　　教育　　尊敬

99. 各有怨气的两_____亲戚凑到一起,不但理没说清,_____引起一场殴斗。_____,这样悲惨的结果,人们是没有_____到的。

A. 双　　于是　　可想而知　　注意
B. 支　　当然　　理所当然　　理解
C. 类　　否则　　恍然大悟　　关注
D. 家　　反而　　显而易见　　预料

100. 一般说来,家务劳动_____是简单的、重复的活动,它_____使人乏味。可是家务劳动又是生活中_____的,_____家务劳动的想法和看法,是_____要不得的。

A. 到底　只能　刻不容缓　放松　也许
B. 几乎　只有　行之有效　放松　毕竟
C. 往往　只能　必不可少　轻视　万万
D. 特别　居然　应运而生　减轻　简直

18

3·3·3·3·3·3

第 三 部 分

说明:101—110题,每题都有**ABCD**四个语句,请按一定的顺序将四个语句排列成一段话,然后在答卷上按排定的顺序写下四个字母。例如:

105. A. 往往就是思想丰富多彩的反映

   B. 一个思想僵化、粗枝大叶的人

   C. 可见语言的丰富多彩

   D. 很难写出生动、严谨周密的文章来

105题的正确答案应该是BDCA,请在答卷上找到号码105,在105后面的横线上按顺序写上BDCA:

105

[A]

[B] <u>B</u>　　<u>D</u>　　<u>C</u>　　<u>A</u>

101. A. 甚至死亡
    B. 一旦离开乡土
    C. 树木由于长期生长在一个地方
    D. 就会不适应

102. A. 再加上给自己带来的无法弥补的缺憾
    B. 以及去世后对艺术的损失
    C. 王奶奶把沈大爷坎坷的一生
    D. 都一字一句地哭诉出来了

103. A. 扎筏的材料与筏子的种类也多多样
    B. 筏子是一种简易而古老的运输工具
    C. 由于不同地区的自然条件不同
    D. 从古至今,在中国各地的交通运输中都起着一定的作用

104. A. 人们的服饰更加多姿多彩
    B. 进入九十年代以后

C. 并且体现出东西方文化互相交融的趋向
    D. 由于中国经济的高速发展和人的观念的变化

105. A. 就是说,一个事物,不但要看到它的正面
    B. 我们不论认识什么事物都必须全面地看
    C. 否则,就不能比较完全地、正确地认识
    D. 也要看到它的反面

106. A. 以至一天之内中毒多次
    B. 他曾遍尝百草
    C. 后来发现了茶叶才得以解毒
    D. 为了找到对人类有用的植物

107. A. 总要举行祭社的活动
    B. 人们对于土地的信仰总是与农业的丰、歉联系在一起

C. 在农业社会中

D. 因此,每逢春播和秋收时节

108. A. 而现在面临全面建立社会主义市场经济体制的重要转变

B. 自从国家把工作的重心转移到经济建设上以后

C. 更需要加快知识更新的步伐

D. 我们逐渐进行着一次新的知识更新

109. A. 既考虑到收回国家主权、维护祖国尊严

B. 因此,可以说是一部具有国际意义

的伟大杰作

C. 香港特别行政区基本法充分体现了中英联合声明精神和"一国两制"的构想

D. 又考虑到香港实际,维护香港的繁荣稳定

110. A. 不仅表现在通过法律解决了众多的家庭问题

B. 从而调节了整个社会生活

C. 北京人法律意识增强

D. 而且表现在运用法律解决了众多的社会问题

第 四 部 分

> **说明:**111—120 题,每段文章中都有若干个空儿,空儿中标有题目序号,请根据文章内容,在答卷的空格中填上最恰当的汉字。共 10 个空儿。

111—114

当我们[111]过了非常充实、非常多彩、非常愉快的白昼之后,又赶来出席诸位举行的如此盛大的鸡尾酒会,我们感到不胜荣[112]。正如刚才主人在欢[113]词中谈到的,我们也注意到了一个意外的巧合:几乎和中国作家代表团抵达汉诺威的同时,中国外交部部长先生和贵国外交部部长先生在波恩举行了友好会谈。这个巧合寓意[114]长……

115—117

人体需要保持酸碱平衡,如果不注意,很容易使身体出现轻微的酸[115]毒,使人感到头晕[116]乏无力,皮肤干燥、大便秘结。尤其是中老年人新[117]代谢功能较差,吃肉、蛋类过多时,更应多吃蔬菜、水果,多饮茶水。

118—120

正当我尽情地朗诵王维的思亲佳作时,收到了你的信,它使我越过了王维的悠悠情思,[118]浸到无比的喜悦中来。姐姐,你明白吗?我探询着自己的起点,是想说明我的志向并不是轻[119]确定的。我不好高骛远,也决不见异思迁,尽管困难重重,坎[120]迭出,我将不遗余力地执着地去追求。现在我已冲出了起跑线,向着既定的目标奋勇前进。

答 题 纸

1 1 1	2 2 2 2			
1[A][B][C][D]	41 [A]_____ [B]_____	42 [A]_____ [B]_____	43 [A]_____ [B]_____	
2[A][B][C][D]				
3[A][B][C][D]	44 [A]_____ [B]_____	45 [A]_____ [B]_____	46 [A]_____ [B]_____	
4[A][B][C][D]				
5[A][B][C][D]	47 [A]_____ [B]_____	48 [A]_____ [B]_____	49 [A]_____ [B]_____	
6[A][B][C][D]				
7[A][B][C][D]	50 [A]_____ [B]_____	51 [A]_____ [B]_____	52 [A]_____ [B]_____	
8[A][B][C][D]				
9[A][B][C][D]	53 [A]_____ [B]_____	54 [A]_____ [B]_____	55 [A]_____ [B]_____	
10[A][B][C][D]				
11[A][B][C][D]				
12[A][B][C][D]	56 [A][B][C][D]	57 [A][B][C][D]	58 [A][B][C][D]	59 [A][B][C][D]	60 [A][B][C][D]
13[A][B][C][D]				
14[A][B][C][D]	61 [A][B][C][D]	62 [A][B][C][D]	63 [A][B][C][D]	64 [A][B][C][D]	65 [A][B][C][D]
15[A][B][C][D]				
16[A][B][C][D]	66 [A][B][C][D]	67 [A][B][C][D]	68 [A][B][C][D]	69 [A][B][C][D]	70 [A][B][C][D]
17[A][B][C][D]				
18[A][B][C][D]	71 [A][B][C][D]	72 [A][B][C][D]	73 [A][B][C][D]	74 [A][B][C][D]	75 [A][B][C][D]
19[A][B][C][D]				
20[A][B][C][D]	76 [A][B][C][D]	77 [A][B][C][D]	78 [A][B][C][D]	79 [A][B][C][D]	80 [A][B][C][D]

	3 3 3 3			
21[A][B][C][D]	81 [A][B][C][D]	82 [A][B][C][D]	83 [A][B][C][D]	84 [A][B][C][D]	85 [A][B][C][D]
22[A][B][C][D]				
23[A][B][C][D]	86 [A][B][C][D]	87 [A][B][C][D]	88 [A][B][C][D]	89 [A][B][C][D]	90 [A][B][C][D]
24[A][B][C][D]				
25[A][B][C][D]	91 [A][B][C][D]	92 [A][B][C][D]	93 [A][B][C][D]	94 [A][B][C][D]	95 [A][B][C][D]
26[A][B][C][D]				
27[A][B][C][D]	96 [A][B][C][D]	97 [A][B][C][D]	98 [A][B][C][D]	99 [A][B][C][D]	100 [A][B][C][D]
28[A][B][C][D]				
29[A][B][C][D]	101 [A]_____ [B]_____	102 [A]_____ [B]_____	103 [A]_____ [B]_____	104 [A]_____ [B]_____	105 [A]_____ [B]_____
30[A][B][C][D]				
31[A][B][C][D]				
32[A][B][C][D]	106 [A]_____ [B]_____	107 [A]_____ [B]_____	108 [A]_____ [B]_____	109 [A]_____ [B]_____	110 [A]_____ [B]_____
33[A][B][C][D]				
34[A][B][C][D]				
35[A][B][C][D]				
36[A][B][C][D]	111 [A][B] □	112 [A][B] □	113 [A][B] □	114 [A][B] □	115 [A][B] □
37[A][B][C][D]				
38[A][B][C][D]				
39[A][B][C][D]	116 [A][B] □	117 [A][B] □	118 [A][B] □	119 [A][B] □	120 [A][B] □
40[A][B][C][D]				

听力理解录音材料

第 一 部 分

1—4

12月2日至13日在北京举行的中国国际时装周是本世纪最后一次大规模时装周和模特展示,然而美中不足的是,在时装周的最后一天因为对评选的争议和其他一些问题的分歧,几家模特经纪公司宣布退出评比,为本次活动带来不小的缺憾。但是,对于获得最佳模特评选亚军的王海珍来说,这一切不快与争执似乎不存在,她的美丽使她和她的世界更为纯化。

虽说只得了亚军,但对海珍来说应该是一个完满的句号了,因为2000年她实在太火了。到法国参加国际模特大赛进入十佳,并成功地与之签约,之后,又先后参加了多次国际著名品牌的展示,并为法国杂志拍摄了一系列的平面广告。至于年初传出的将成为张艺谋导演的一条广告中的主角的消息,更使海珍的天地为之一宽,大有进军影视的趋势。

1. 12月2日至13日在北京举行了什么周?
2. 王海珍获得最佳模特评选的第几名?
3. 王海珍为哪国杂志拍摄了平面广告?
4. 王海珍今后的发展,可能有什么趋势?

5—7

清明节在每年公历4月4日或5日,是民间的传统节日。

自古以来,中国人就有清明扫墓的风俗,以表示对祖先和亲人的深切怀念。过去中国人死后,基本上用土葬,堆有坟墓。每年清明,亲人们就去看望,给坟墓加些新土,整理一下坟前的草木,并供奉食物,这就是扫墓,俗称"上坟"。现在每到清明节,除了为亲人、朋友扫墓以外,还有成千上万的人去烈士陵园为革命烈士扫墓,表达对革命烈士的怀念。

清明时节,春暖花开,地上长出青草,人们喜欢去郊外游玩,观赏春天的风景,古时叫"踏青",所以清明节又叫"踏青节"。古代,人们踏青时,常常有野餐、拔河、放风筝、踢足球、采花草等娱乐活动。

5. 清明节是哪一天?
6. 清明节人们做什么?
7. 清明节又叫什么节?

8—10

中国的饮食文化有着悠久的历史,在食品制作方面,对世界有重要贡献。以面粉制作的食物而言,如面条,已有两千多年历史,在秦汉时叫做"汤饼"。用粮食制作的辅助食品——点心,也历史悠久。唐代就已经有专制糕点的"糕坊"了。两千年来,中国不仅用面粉制作了品种越来越多的食品,而且还用豆类如大豆制作了很多种类的豆制品,在两千年前的西汉时期,就能制作豆腐,到五代时,有的人把豆腐作为肉的代用品了。此外,豆汁、豆浆还成为营养丰富的饮料,豆酱等在秦汉以前就成了重要的调料食品。

但中国传统的饮食文化,在现代生活中,也越来越暴露出它的落后性。

中国传统的饮食,是属于生存型的消费生活方式的一个组成部分,因此,饮食结构在质量上是低水平的。它主要表现在以谷物膳食为主,食物中的碳水化合物多,蛋白质少。

8. 中国的饮食文化在哪些方面对世界有重要贡献?

9. 中国的面条和豆类制品在多少年前开始制造?

10. 中国传统的饮食文化的落后性表现在哪个方面?

11—12

不论您的家庭有几口人,您家一定会有一个经常下橱或"掌勺的"。那么当今中国家庭厨房里这个"掌勺的"是谁呢?去年五月份零点调查公司在西安、太原和青岛三个城市对888位市民作的一项调查显示:在三个被访城市中,家庭中"掌勺的"主要为中青年女性家庭成员,其百分比高达44.7%;其次为老年女性家庭成员,为34.7%;男性掌勺做饭的仅为19.3%。男女性别差异带来的家庭自然分工没有太多的改变。

11. 在家庭厨房里,"掌勺的"是什么意思?

12. 家庭厨房中"掌勺的"哪些人占的百分比最高?

13—14

女:累不累?还能开吗?

男:不就是一宿麻将吗?没事儿。

女:不考虑自己,还得为我和孩子着想呢?

男:别胡思乱想了。

女:小心!

旁白:司机朋友,为了你我的安全,请不要疲劳驾驶!

13. 两个谈话人之间是什么关系?

14. 女的为什么让男的"小心"?

15—17

女:你怎么现在还不出门呀?不是8点半的飞机吗?

男:8点半的飞机现在还不到6点。

女:出关还要一个小时呢,再说了,万一路上堵车怎么办?

男:哪有那么巧,这个时间堵车?

女:不怕一万,就怕万一嘛!

15. 男的要去哪儿?

16. 女的为什么催男的快走?

17. "不怕一万,就怕万一"是什么意思?

18—21

小立:小明,我向你请教,有没有减肥的好方法?

小明:方法倒是有,但是不知道哪种适合你。

小立:那你给我介绍介绍。

小明:我觉得你可以试着节食,每天只吃一点水果和蔬菜,主食尽量少吃。

小立:恐怕不行,这种方法我试过,开始几天还行,可是时间一长,浑身没劲,什么也干不下去,我觉得不利于健康。有没有不损害健康的方法?

小明：当然有了，你可以跑步、打球、游泳、爬山，也就是靠运动减肥。

小立：好是好，不过，一是我没毅力，二是听说总运动的人，一旦停下来，会更胖的。

18. "我"向小明请教什么问题？

19. 小明首先向他介绍的减肥方法是什么？

20. 什么是不损害健康的减肥方法？

21. 小明向"我"介绍的几种减肥方法，"我"认为怎么样？

22—25

女：我想去看电影《五颜六色》。

男：算了吧！我劝你还是看别的片子吧！那部电影的内容太陈旧！

女：怎么！这个片子不怎么样？不是有人说这部片子挺好的吗？情节

又曲折又有意思。

男：你听谁说的？

女：我的一个朋友参加了这部电影的拍摄，他让我一定去看看。

男：那是老王卖瓜自卖自夸，别听他那一套！

女：你说的也太绝对了吧。每个人的兴趣不同，喜欢的东西也不一样，这就叫见仁见智。

男：那就等你看完了再说吧！

22. 女的想看电影《五颜六色》，男的为什么不想去？

23. 女的为什么认为这部片子好？

24. "老王卖瓜，自卖自夸"是什么意思？

25. 女的说："见仁见智"是什么意思？

第 二 部 分

26—30

记　者：李先生，您最近完成了攀登世界七大洲最高峰的壮举。登顶是人生的最高体验，能描述一下您登顶的体验吗？

李致新：当时的体验就是太疲劳了，很想睡一觉。但登顶的巨大喜悦又把疲惫一扫而光，使命感、荣誉感、自豪感为我增添新的力量，因为我是代表一只队伍，一个民族。我感到非常激动和自豪。

记　者：在体育运动中，登山是最危险、死伤最多的项目之一。您登

山时遇到过生命危险吗？

李致新：从事登山运动是一种探险，但不是盲目的冒险。登山之前要做好各种准备，查询许多相关资料，"知己知彼，百战不殆"。认识规律，掌握规律，利用规律，不作无谓的牺牲。我非常珍惜自己的生命，面对各种死亡的危险，有充分的思想准备。我遇到过风暴、滑坠、冻伤、迷路等各种各样的危险，每次都与死神擦肩而过。

记　者：您为什么要登山呢？

李致新：为什么要登山？英国一位著名

的登山家这样回答："因为山在那里。"对登山家来说，山是一种无法抗拒的召唤。我把登山运动作为自己的崇高事业，全力以赴。人类不断探险的精神是永恒的。培育探险精神对于一个人、一个民族都有积极意义。一个具备探险精神的人，会不断寻求新的征服目标，不断追求人生新的境界和高度。

记　者：那么，怎样培育探险精神呢？

李致新：探险精神需要从小培养，需要全社会崇尚探险精神，如果连理解都达不到肯定不行。从小培养坚韧不拔的意志、品质是非常重要的。

26．李先生最近完成了什么壮举？

27．"知己知彼，百战不殆"是什么意思？

28．李先生在登山时遇到过生命危险吗？

29．培育探险精神，对于谁有积极意义？

30．探险精神要从什么时候开始培养？

31—36

女记者：大家都喜欢您画的漫画，但在理论上了解得不多，想请您谈谈漫画的有关问题。想学或初学漫画的人应该具备哪些条件？应该注意什么？漫画的特点是什么？

漫画家：我先谈谈漫画的特点。它是带刺的幽默，用滑稽的方法评论，表现主题比较曲折。有时

就从反方面来表现。

女记者：在美术技巧方面有哪些要求？

漫画家：要多练速写。有的漫画家从小就照着小说里的插图和街上买来的洋画练。

女记者：有了一定的美术技巧还需要什么呢？

漫画家：要保持一颗年轻的心，细致地观察周围的生活。还要有幽默感。

女记者：幽默感是怎样培养起来的呢？

漫画家：要有一定的文学修养。喜剧、相声、杂文、漫画属于一类，这几方面的东西要多读多看多学。

女记者：怎样把幽默感运用在漫画中呢？

漫画家：要敢于大胆地进行艺术夸张，要从侧面表现主题。

女记者：漫画的题目有什么重要性？

漫画家：可以说漫画的题目同画面同等重要。有时，不看题目，你就不知道这幅漫画表现的主题。有时，一幅漫画配一个好题目，就能令人拍案叫绝。所以题目有补充说明、强调等作用。

女记者：一些以"无题"作题目的漫画有什么意义？

漫画家：本身，这幅漫画的画面已经把要表现的主题明确地展现出来了。比如，人说的一句话出现在画里，它表明的意义很明白了，那么题目定为"无题"就含着讽刺和强调的作用，是无

题中的有题。

31. 漫画的特点是:

32. 学画漫画在美术技巧方面如何培养?

33. 漫画中的幽默感如何培养?

34. 一幅漫画配一个题目就会使人拍案叫绝,"拍案叫绝"是什么意思?

35. 以"无题"作题目的漫画有什么意义?

36. 被访问的人是什么人?

37—40

外地人:听说北京的东边有条小街,很有名。每天有不少人去那里购物,人来人往,挤得水泄不通,不少外国人也常常光顾那里。你去过吗?在那里买过东西吗?

北京人:这条街本来是一条无名小街,长不过160米,宽不过15米。可是这几年变了,它的名声越来越大,成为一条新兴起的商业街。它的名字叫"秀水东街"。

外地人:这条商业街主要经营什么?它为什么那么吸引人呢?

北京人:这条商业街上都是个体商贩,他们主要经营服装和工艺品。这条街所以吸引人主要是那儿卖的东西吸引人。就拿服装来说吧,颜色、款式新奇多样,在一般市场上很难买到。要问这里的服装到底有多少品种,谁也说不清,至于价钱,比普通商店的东西是贵了点,但买者愿意。周瑜打黄盖,愿打愿挨。

外地人:到那里买东西会不会上当受骗呢?

北京人:在那里卖东西的人服务态度很好,他们把顾客当成"上帝"。商贩们个个都是笑脸相迎,语言文明,有的人英语还说得满溜呢。他们不搞一锤子买卖,他们说要想赚钱,就得拉"回头客"。很多顾客到了那里,有宾至如归的感觉。

外地人:可以把秀水街看成是北京改革开放的一个窗口,如果有机会我一定到那里逛逛,也享受一次做"上帝"的感觉。

37. 这段录音介绍的是什么?

38. 这条小街上主要经营什么?

39. 这里的商品为什么有很多人买?

40. 这里的商贩"不搞一锤子买卖",是什么意思?

参 考 答 案

一、听力理解

1．C	2．D	3．A	4．C
5．C	6．D	7．C	8．A
9．C	10．B	11．B	12．B
13．D	14．C	15．A	16．D
17．C	18．C	19．B	20．D
21．C	22．C	23．C	24．A
25．D	26．B	27．C	28．C
29．D	30．C	31．B	32．C
33．B	34．C	35．D	36．A
37．A	38．C	39．B	40．C

二、阅读理解

41．张骞	42．匈奴	43．丝绸、漆器	
44．马可·波罗	45．经济文化交流	46．父子关系	
47．家庭和睦	48．敬老、爱幼	49．老有所终,幼有所养	
50．宿根花卉	51．耐瘠薄土壤	52．扩大繁殖	
53．设施蔬菜	54．滴灌设施	55．高档珍稀蔬菜	
56．C	57．A	58．D	59．B
60．B	61．C	62．B	63．C
64．D	65．B	66．D	67．A
68．D	69．B	70．B	71．C
72．C	73．D	74．D	75．A
76．C	77．C	78．B	79．C
80．B			

三、综合表达

81. C	82. C	83. B	84. A
85. D	86. D	87. C	88. C
89. B	90. A	91. B	92. B
93. C	94. C	95. B	96. C
97. C	98. A	99. D	100. C
101. CBDA	102. CBAD	103. BDCA	104. BDAC
105. BADC	106. DBAC	107. CBDA	108. BDAC
109. CADB	110. CADB	111. 度	112. 幸
113. 迎	114. 深	115. 中	116. 疲
117. 陈	118. 沉	119. 率	120. 坷

> **考试要求**
> 1. 考试题目:《以编辑的身份给樊月女士写一封回信》(请根据来信的要求)
> 2. 书写要求:全部用汉字写(也可以用繁体字),每个空格写一个汉字。汉字书写要清楚工整。标点符号要正确,每个标点占一个空格。
> 3. 字数要求:400—600 字。
> 4. 书写格式:书信体格式。
> 5. 考试时间:30 分钟。

(1)读者来信

编辑同志:

　　我是由父母抚养长大的。1968 年我结婚以后,家中只有父母二位老人。今年初父母相继病故没有留下遗嘱。叔父以我是出嫁的养女没有继承权为理由,强占了父母的遗产。他这样做对吗? 养女出嫁后就没有继承父母遗产的权利吗?

樊　月
××年×月×日

(2)有关法律

　　我国《婚姻法》里明确规定,养子女和养父母的关系同亲生子女与亲生父母的关系相同。因此,同亲生子女一样,养子女属于法定第一顺序继承人,有权继承父母遗产。

中国汉语水平考试

[高　等]

口试试卷

注意事项

1. 考试时间总共 20 分钟。准备,10 分钟;考试,10 分钟。

2. 准备时间可以写口试提纲,作为回答问题时的参考。提纲可以写在考题下面的空白处。

3. 考试共有两项内容:

　　(1)朗读一段文章,时间约用 2 分钟。

　　(2)口头回答指定的两个问题,每个问题可用 3 分钟。

　　请按规定时间完成每一项考试内容。

4. 考试是用录音的形式,你的口试答案都要录在磁带上:

　　(1)考试开始,由主考打开录音机,当你听到"现在开始进行口试"的指令时,你应该按照卡片上填写的内容说:

　　我的考生代号是××××××××××,试卷号码是×××××××,我的名字是××××,我是××国人。

　　现在我开始朗读文章。

　　(2)朗读完毕,中间不停顿,你应该说:朗读完了,现在我回答第一个问题。

　　(3)第一个问题回答完以后,中间不停顿,你应该说:第一个问题回答完了,现在开始回答第二个问题。

　　(4)第二个问题回答完了以后,你应该说:问题全部回答完了。

　　(5)考试结束,由主考统一关机。

一、朗读:

　　今年入冬以来,气候反常,气温持续偏高,暖和得简直像阳春三月,连毛衣都穿不住。上星期六,气象台发布了即将下雪的好消息,无论大人、小孩都高兴极了。

　　从星期日清晨起,太阳就没有露面。空中密布着阴云。大约下午 3 点钟,天空中飘起小雪花来。啊,下雪了! 洁白的雪花纷纷扬扬地从天上飘落下来,像一片片白色的碎纸忽悠悠地向下落。不到一小时,地面上、屋顶上就全白了。

　　雪,越下越大。

　　我走在路上,雪花落在我的身上、头发上。我深吸了一口新鲜空气,觉得浑身上下都是那样清爽舒适,顿感心旷神怡。入夜后,鹅毛大雪漫天飞舞,整个城市笼罩在茫茫大雪中。

第二天早晨,我向窗外一看,好漂亮! 房屋上落了厚厚一层雪,就像戴上了雪白的帽子。树木的枝条上,都落满蓬蓬松松的雪,真有"忽如一夜春风来,千树万树梨花开"的意境啊! 尤其是松树上积满了一个个洁白的大雪球,很像是特制的圣诞树。孩子们兴高采烈地滚雪球、堆雪人、打雪仗,欢呼声回荡在雪地中。

这场雪,是冬天的使者,是大地的化妆师,也是庄稼的卫士。它既可以冻死一部分害虫,又可以保护冬小麦的幼苗,使其不被冻伤,融化的雪水还可供小麦生长的需要,对小麦越冬极为有利。

我企盼着今年第二场、第三场大雪的降临。

二、回答问题:

1. 请介绍一位给你印象最深的老师。
2. 你认为子女和父母的关系什么样的最好? 为什么?

第二套模拟试题

1·1·1·1·1

一、听力理解

（40题,约25分钟）

第 一 部 分

说明:1—25题,在这部分试题中,你将听到几段讲话或对话。每段话之后,你会听到若干个问题,每个问题都有四个书面答案,请你从中选择出唯一正确的答案。

例如,第1—8题,你听到:

女:李玉田的对象怎么样?

男:论人品,没的挑;论长相,不敢恭维。

女:他不是非要找个漂亮的吗?

男:这你就不懂了,这就叫"情人眼里出西施"啊!

第三个人根据这段对话提出两个问题:

8. 李玉田想找个什么样的对象? 你会在试卷上看到四个答案:

    A. 人品好的

    B. 长相好的

    C. 不爱挑毛病的

    D. 喜欢恭维人的

根据对话,第8题唯一正确的答案是 **B**,你应在答卷上找到号码8,在字母 **B** 上画一横道:

    8. [**A**]   [**B**]   [**C**]   [**D**]

你又听到:

9. 男的认为李玉田的对象长得怎么样? 你会在试卷上看到四个答案:

    A. 比较漂亮

    B. 胜过西施

    C. 不太漂亮

    D. 不敢公开

根据对话,第9题唯一正确的答案是 **C**,你应在答卷上找到号码9,在字母 **C** 上画一横道:

    9. [**A**]   [**B**]   [**C**]   [**D**]

34

1. A. 网上
   B. 布告栏里
   C. 墙上
   D. 报纸上

2. A. 1种
   B. 3种
   C. 2种
   D. 5种

3. A. 十分单纯
   B. 有点复杂
   C. 特别复杂
   D. 不太简单

4. A. 人越来越紧张
   B. 人越来越生疏
   C. 人越来越复杂
   D. 人越来越孤独

5. A. 一匹鹿
   B. 一匹马
   C. 一面镜子
   D. 一头牛

6. A. 锻炼人的方法
   B. 与人交往的方法
   C. 观察人的方法
   D. 教育人的方法

7. A. 学问的深浅
   B. 好坏和能力
   C. 干活的多少
   D. 力气的大小

8. A. 跳舞
   B. 跑步
   C. 呼吸养生
   D. 唱歌

9. A. 5秒
   B. 10秒
   C. 15秒
   D. 8秒

10. A. 饭馆多些
    B. 商店多些
    C. 路畅人安
    D. 汽车多些

11. A. 车多人少
    B. 畅通无阻
    C. 拥堵严重
    D. 四通八达

12. A. 雪中送炭
    B. 雪上加霜
    C. 紧急救援
    D. 锦上添花

13. A. 家里的事
    B. 倒霉的事
    C. 孩子的事
    D. 摩托车的事

14. A. 不对劲儿
    B. 浑身没劲儿
    C. 不舒服
    D. 不好受

15. A. 没了
    B. 湿了
    C. 剐了
    D. 丢了

16. A. 车上有小偷
    B. 有人上错车了
    C. 怀疑自己没买票
    D. 车上的人太多了

17. A. 怎么才能学好
　　B. 什么人能当老师
　　C. 怎么才能工作好
　　D. 怎么才能身体好

18. A. 简单
　　B. 容易
　　C. 很难
　　D. 麻烦

19. A. 知识渊博
　　B. 不急躁
　　C. 穿得朴素
　　D. 口才好

20. A. 嫌她的话罗嗦
　　B. 喜欢听她的话
　　C. 赞扬她的话
　　D. 反驳她的话

21. A. 爱损坏东西
　　B. 爱扔东西
　　C. 容易忘事

　　D. 忘了时间

22. A. 老李代替老张
　　B. 弄错了事实或对象
　　C. 老张代替老李
　　D. 老李和老张互相换帽子

23. A. 红十字工程
　　B. 企业策划公司
　　C. 为人治病的诊所
　　D. 蓝十字工程

24. A. 100 年
　　B. 10 年
　　C. 没有时间表
　　D. 现在还没开始

25. A. 刚刚开始
　　B. 开展得很好
　　C. 遇到了很多困难
　　D. 不想继续干了

第 二 部 分

说明:26—40题,请你听几段采访的实况录音。每段录音之后你将听到若干个问题,
　　　每个问题都有四个供选择的书面答案,请你从四个答案中选择唯一正确的答案。

26. A. 时间太长
　　B. 花钱太多
　　C. 岁数太大
　　D. 音乐不好听

27. A. 不去公园了

　　B. 跳迪斯科了
　　C. 唱歌去了
　　D. 聊天去了

28. A. 节奏太慢
　　B. 活动量大

C. 节奏太快

D. 太不好听

29. A. 很开放

B. 老先进

C. 老积极

D. 老顽固

30. A. 两辆车一起跑

B. 不能坐一趟车

C. 思想不一致

D. 不住在一起

31. A. 一起跳迪斯科

B. 分道扬镳

C. 一起打太极拳

D. 一起逛公园

32. A. 高等学校

B. 商业区

C. 住宅小区

D. 大型公园

33. A. 品牌与创新

B. 获得暴利

C. 扬名天下

D. 盲目消费

34. A. 没有污染

B. 传统模式

C. 西方模式

D. 高尚文化

35. A. 中西结合

B. 树木很多

C. 绿地很多

D. 河水很清

36. A. 东北地区

B. 华北地区

C. 东部沿海地区

D. 福建山区

37. A. 可能好

B. 不一定

C. 不会好

D. 特别好

38. A. 不应该做

B. 勉强可以

C. 做不好

D. 应该做

39. A. 没有作用

B. 显而易见

C. 作用不大

D. 作用不明显

40. A. 促进经济发展

B. 卖产品

C. 赚大钱

D. 使工人就业

二、阅读理解

(40题,40分钟)

第 一 部 分

(15题,15分钟)

说明:41—55题,请你在5分钟之内,快速阅读几段文章,每段文章的后面有若干个问题,请根据文章的内容,用最简洁的文字回答问题。答案要用汉字书写,汉字要写在答卷的横线上。

41—45

今天,发射场晴空万里。上午9点多钟,发射工位进入了"一小时准备",发射架的多层工作台上和发射控制室里,各专业的工程技术人员投入了对火箭起飞前的最后测试。随着准备工作一件件地最后完成,拥抱着箭体的各层工作平台陆续收回了臂膀,地面工作人员一批一批撤离现场,发射场上静无一人,巨大的乳白色火箭,静静地耸立在发射台上。

地下发射控制室里。气氛严肃紧张。调度电话中不断传来各系统简短有力的报告:"遥测转电好!""控制转电好!"进入"一分钟准备"后,控制室里每个人,只能听到仪器的轰鸣和自己心脏的跳动声。随着最后几秒钟的到来,场区上的各种跟踪测量设备开机,高速摄影机、磁带记录仪等记录设备启动。

"点火!"发射控制台上年轻的操纵员沉着果断地按下了按钮。顷刻,排山倒海般的隆隆巨响震撼了大地,巨大的火箭拔地而起,

冉冉上升,速度越来越快,尾部拖着长长的火舌和疾风般的轰响,扶摇直上,直刺蓝天。

几秒钟后,垂直上升的火箭开始拐弯。尾部的火舌此刻变成了一条白色航迹。从地面望去,只见无垠的湛蓝天幕上,一条细小的白色缎带疾速地向东南方向延伸。刚才还是一个有十多层楼高的庞然大物,渐渐地变成了蓝天中的一个很小的亮点。

突然,缎带中断,亮点逐渐隐去——火箭穿出了大气层。

41. 今天发射场的天气怎么样?

42. 上午9点多钟,工程技术人员投入了什么工作?

43. 这时,地下发射控制室里的气氛如何?

44. 接着,发射控制台上年轻的操纵员按下了什么?

45. 刚才还是一个庞然大物,渐渐地变成了什么?

46—49

在中国封建社会里,龙成了皇权的象征。

西汉皇帝刘邦编造了一个故事,说他母亲做梦与龙结合后生下了他,还传说每当刘邦喝醉酒时,他的头就显出龙形。这样一来,刘邦就成了龙的儿子了。显然,刘邦是想借用龙的神威来抬高自己的身价,巩固自己皇帝的地位。后来的皇帝和想做皇帝的人也都说自己是龙的儿子。

汉代以后,龙就逐渐代表皇帝了,龙成了皇权的象征。那时候,皇帝的身体叫"龙体",穿的衣服叫"龙袍",坐的椅子叫"龙椅",就连皇帝的子孙也叫"龙子龙孙"。明代、清代的皇帝住在北京故宫里,于是,宫殿的梁柱、门窗、殿顶、石阶上到处是龙。在故宫这个"龙的世界"里,到底有多少龙,谁也数不清。

中国的老百姓不喜欢代表皇权的龙,他们喜欢另一种龙,这种龙没有皇权的威严,能给人们带来欢乐。在喜庆的日子里,人们喜欢舞龙灯,跳龙舞。端午节时,举行龙舟比赛。民间还流传着很多跟龙有关的故事,其中"画龙点睛""叶公好龙""鲤鱼跳龙门""龙女牧羊"等故事流传很广。在民间有关龙的戏剧、音乐、图画、工艺品、成语也是很多的。在中国带"龙"字的山名、水名、地名更是多得数不清。龙在民间还是十二生肖中的一种动物。在民间,龙是一种吉祥的神物。

46. 刘邦是中国古代哪个朝代的皇帝?

47. 汉代以后,"龙"成了什么了?

48. 北京的故宫里到底有多少条"龙"?

49. 在中国民间,"龙"是一种什么东西?

50—52

一次同事聚餐,大家随意谈起孩子这个话题,先是性别问题,继而是有关质量的种种话题。一位母亲说:"如果想要一个孩子,不论男孩还是女孩,首先一定要聪明,其次是健康、漂亮。"此话得到大家一致赞同。惯于敲破锣的我表示异议,认为对孩子的标准,首先应是健康,并进一步论证道:倘有一孩,聪明绝顶,相貌超群,偏病体羸弱,整日吃药打针,长年病卧床榻,未及长成,早早夭折,你说闹心不?孩子若健康,哪怕智商平平,长相一般,却一样不失你的天伦之乐,一样慰藉你做父母的情怀。众人觉得也有一番道理,遂诺诺。惟先前那位母亲,一番沉思后宣布:"我还是认为孩子首先要聪明。"这是位思才若渴的母亲。其实呢,这位母亲道出了每个做父母的心声,谁不希望自己有个才华出众、才智过人的孩子呢?

事实上,不论是否聪明过人,只要有信心、有理想、有热情、有追求,每个孩子迟早都要踏上属于自己的征程。

孩子终是要远行。远行的孩子如脱离母体的种子,它要在旷原阔野中自己抽条长叶,开自己的花,结自己的果。这本是自然界中生生不息的规律,也是人类得以繁衍进化的本质所在。做父母的不仅希望孩子健康、聪明、漂亮;不仅希望孩子成功、有发展、有建树,还应将这份美好愿望深埋心底,甘愿变作寂寞的路标,化为遥远的风景,让远行的孩子轻松远行,去走自己的人生之路。

50. 一位母亲首先希望孩子的是什么?

51. "我"首先希望孩子的是什么?

52. 远行的孩子像什么一样?

53—55

针灸是中国古老的治疗方法,它的应用范围很广,可用于内、外、妇、儿、五官等300多种疾病的治疗和预防,治疗效果迅速,方法简便,没有或很少有副作用。

远古时期,中国人的祖先在劳动生活中

发现,人的体表某一部位受到损伤后,身体的另一部位的疼痛就减轻或消失了,于是就用针灸等方法刺激体表某一部位,达到止痛治病的目的。

针灸理论是深奥的,中医认为人体的各个器官能够保持平衡,主要是靠经络的作用。经络是什么样子呢?人们看不见它,也摸不着它,但它是存在着的。经络主要有14条路线,这与现代测试技术得出的结果完全一致。中医认为经络是气血运行的通道,它内通脏腑,外联肢节,通行上下、前后、左右。气血聚集的地方就是穴位。经络很像城市中那纵横交错的公共汽车路线,穴位就像那一个个的汽车站,脏腑——经络——穴位就是这样紧密相联的。当脏腑等体内部位发生病变时,通过经络,与病变部位相联的穴位就会发生异常现象。如果刺激这些穴位,这种刺激就会传导到病变部位,使气血阴阳平衡,达到治病的目的。古今有许多事例,说明针灸的神奇疗效。

中国针灸著作也是很多的。西晋时皇甫谧根据《黄帝内经》等书,写了一本《针灸甲乙经》,这是一本非常重要的针灸学著作,书中详细记载了全身349个穴位和主治的疾病。明代杨继洲写的《针灸大成》,全面总结了明代以前针灸学的成就,对今天的针灸治疗还有指导意义。

针灸以它神奇的疗效赢得了人们的信赖,特别是中国针灸医生近年来创造的针刺麻醉,成功地应用在外科手术上,进一步引起人们对针灸的重视。如今,世界上的120多个国家和地区有了针灸医生。针灸疗法将为人类的健康做出更大贡献。

53. 针灸治疗疾病有没有副作用?

54. 经络主要有多少条路线?

55. 中国的针灸著作有多少?

第 二 部 分

(25题,25分钟)

说明:56—80题,每段文字后都有若干个问题,每个问题都有 **ABCD** 四个答案,请读后根据文章的内容选择唯一正确的答案,在答卷的字母上画一横道。

56—58

同志们,朋友们:

筹备已久的首届中国历史文化名城市长论坛,今天在牡丹盛开的洛阳开幕,预示着我们这项活动有着春华般的美好前景!

城市,是人类文明发展达到一定高度的必然产物。中国历史文化名城,凝聚着中华民族 5000 年的文明精华。我们把黄河称作母亲河,因为她是中华民族的摇篮。咱们开会的古都及环绕四周的河洛地区,正是这个摇篮的心脏。

中华民族悠久的历史和灿烂文化遗产

永远是我们的骄傲。但是,历史证明,只有勇于创造、不断进取的民族才有希望。邓小平同志说:"发展才是硬道理。"这不仅是历史的经验,更是现实的需要。

历史文化名城以她曾经有过的辉煌,和今天日新月异的繁荣向世人表明,她绝不是有人误解的那样,已成为失去青春的老妇;相反,这棵在古老深厚的文明沃土上成长起来的名城之树,一定能枝繁叶茂,常青不衰。因此,我们这一代人担负着重要的使命。保护和发展,自然地成了历史文化名城管理者们的两大任务,也是本次市长论坛的主旨。我们将围绕"中国名城走向世界"这一中心议题展开讨论。希望大家各抒己见,为名城的繁荣和发展贡献才智。

56. 首届中国历史文化名城市长论坛在:

    A. 洛阳开幕

    B. 北京开幕

    C. 沈阳开幕

    D. 南阳开幕

57. 历史文化名城管理者们的两大任务是:

    A. 保护和发展

    B. 总结经验

    C. 绿化城市

    D. 改造交通

58. 这次会议的中心议题是:

    A. 研究文化遗产

    B. 讨论城市建设

    C. 保护母亲河

    D. 中国名城走向世界

59—61

明代小说《三国演义》是中国最早的长篇历史小说,由罗贯中根据历史材料和民间传说加工创作而成。这部120回的小说,描写了东汉末年和三国时期曹操、刘备、孙权

三个封建统治集团的政治和军事斗争,反映了当时动乱的社会。罗贯中很善于描写战争,大大小小40多场战争写得有声有色,其中"赤壁之战"写得最精彩。作者用了8回的文字,生动地描绘了宏伟的战场、众多的人物、复杂的矛盾和激烈的战斗,像"草船借箭""借东风"等故事,情节曲折,场面惊心动魄。小说中有400多个人物,很多人物的性格非常鲜明,如诸葛亮的智慧、张飞的勇猛、关羽的忠义、曹操的狡诈,都给读者留下了深刻的印象。

59. 这是一则:

    A. 书刊广告

    B. 文章节选

    C. 小说简介

    D. 作品评论

60.《三国演义》的作者是:

    A. 罗贯中

    B. 曹操

    C. 刘备

    D. 孙权

61. 其中描写战争最精彩的部分是:

    A. 草船借箭

    B. 赤壁之战

    C. 借东风

    D. 诸葛亮

62—65

根据近20年来的详细调查,海洋里的动物大约有18万种,植物约2万种。这些丰富的海洋生物可为人类社会提供食物、药物和工业原料。其中已被人类开发利用的经济价值较大的鱼类400多种,贝类和甲壳类近百种,藻类70多种,仅占海洋生物种属的一小部分。目前,这些野生海产品的年捕捞量可达2亿吨以上,大约可生产2000多

万吨蛋白质食品,对缓解人类食品短缺和补充人体营养起着举足轻重的作用。近几年来,在南北极的科学考察发现,极区海域的渔业资源极为丰富,特别是南极海域的磷虾资源,如加以合理开发,每年可捕捞近亿吨。更令人惊喜的是,近年来的深海考察发现,一直被认为是生命极限区(水深600米以下)的深海底也有生物存在,海洋里的生物资源目前难以估量,其开发前景十分广阔。

随着海洋科学技术的不断发展,80年代兴起的"海上牧场",已经给人类的食物源带来了生机。据统计,1995年全世界共放牧了100亿尾海洋经济鱼,回捕量已达到1000多万吨。而目前放养的经济贝类,回捕量更是高得惊人,浅海网箱养殖业也正在蓬勃发展,并获得了好收成。海上人工养殖逐步走了正轨,人类已从海上"猎人"转业为海上"牧民",耕海牧鱼是21世纪的一大产业。

62. 这段文字主要是谈的是:

　　A. 人体营养

　　B. 科学技术

　　C. 海洋资源

　　D. 鱼类养殖

63. 其中的鱼类、贝类和甲壳类、藻类仅占海洋生物种属的:

　　A. 一大部分

　　B. 一小部分

　　C. 绝大部分

　　D. 全部

64. 野生海产品对缓解人类食品短缺和补充人体营养:

　　A. 作用不大

　　B. 有点作用

　　C. 没有作用

　　D. 举足轻重

65. 近年来的深海考察发现,深海底也有:

　　A. 人类存在

　　B. 生物存在

　　C. 房子存在

　　D. 蔬菜存在

66. 画线部分的意思是:

　　A. 如何做海洋上的牧民

　　B. 在海洋上耕种

　　C. 从只收不耕改变为耕后再收

　　D. 在海洋上打猎

67—70

甲骨文是商代和周代人在龟甲和兽骨上刻的文字,是作占卜用的。目前出土的甲骨已有15万片,发现了4600个汉字。甲骨文的发现比较晚。

清朝末年,河南安阳小屯村的农民在翻耕土地的时候不断地翻出一些骨片,农民以为这些骨片是治病的"龙骨",于是很多农民都去地里翻找骨片,然后低价卖给中药店。

几十年后,到了1899年,清政府北京国子监(当时的大学)校长王懿荣因病吃中药,在买来的中药中发现了几片骨片,仔细一看,上面还刻着符号。王懿荣是个很有学问的人,平时喜欢收集文物,还懂书法,他认为这些骨片不是什么"龙骨",而是不寻常的东西。他马上又去药店买回来一些"龙骨",并了解到这些"龙骨"是从河南、陕西等地运来的。经过认真的研究,王懿荣确认骨片上的刻画符号是秦代以前的古老文字,骨片是龟甲和牛胛骨、鹿头骨等,他还给这种文字起了个名字叫"龟版文字"。甲骨文就这样被发现了。王懿荣先后收集了1000多块甲骨片,可惜的是,他还没有研究完这些甲骨文就去世了。

王懿荣死后，很多学者继续收集研究甲骨文。有一个名叫刘鹗的人收集了 5000 多片甲骨，他把甲骨文印在一本名叫《铁云藏龟》的书中，这是第一次向人们介绍甲骨文。现代，有一位学者对甲骨文作了深入的研究和考证，取得了极大的成就，他就是郭沫若先生。

甲骨文的发现，是一个重大发现。甲骨文为汉字研究和商周历史研究提供了珍贵的实物资料。现在，新的甲骨还在不断地发现，这项研究工作仍在进行之中

67. 甲骨文是商代和周代人在龟甲和兽骨上刻的：

A. 文字

B. 数字

C. 花草

D. 动物

68. 清政府北京国子监的校长是：

A. 王逸荣

B. 郭沫若

C. 刘鹗

D. 王懿荣

69. 这些"龙骨"是从哪儿运来的？

A. 河南、陕西

B. 河南、山西

C. 河北、山西

D. 湖南、四川

70. 第一次向人们介绍甲骨文的书名叫：

A.《龟版文字》

B.《刻画符号》

C.《铁云藏龟》

D.《文化遗产》

71—76

聪明人也会犯傻，常会办些顾头不顾尾的事情。前面的忙，给后面的添乱，后面的忙，为消除前面的忙的负效应。于是越忙越忙，陷入了忙的怪圈，不能自拔。

就说这吃喝吧，本应进食有节制，但人们偏偏不按科学道理办，大吃大喝，花天酒地，早早地把身体营养得肥胖起来，自觉负担太重，情况不妙时，才回过头来，又是节食，又是服药，又是运动，又是气功，想着法子减肥，巴不得能一下子重新找回那个苗条的自我。钱花了不少，人也折腾得够呛，但那满身的脂肪却丝毫不肯减少。即便到了这种状况，许许多多的肥胖者，竟无一人后悔。

再说住房装潢。现在流行装潢热，只要住宅到手，不管新旧，都要来个"破旧立新"彻底改造。有道是小康不小康，首先看住房。为自己创造一个舒适的生活环境，也是社会的一大进步。设计师、建筑师们都熟知这个新潮流。他们自己分到房子，也会这么大兴土木的。但是从他们手中绘出来的图纸，造起来的房子，依然是万事齐备。无奈住户并不领情，依然要另请高明，把崭新的内装修彻底打个稀烂，重新按照自己的主观愿望装潢一番。一幢新楼从交给用户起，一两年内，改造工程难以竣工，电机声、敲凿声，敲得左邻右舍心惊肉跳，日夜不宁。

71. 画线部分的意思是：

A. 越忙越好

B. 忙所产生的负效应

C. 前后都忙

D. 前面忙后面不忙

72. 进食时本应：

A. 多吃

B. 节制

C. 喝酒

D. 休息

73. 在住房方面,现在流行:

A. 绿化热

B. 豪华热

C. 装潢热

D. 贷款热

74. "破旧立新"的意思是:

A. 保留新的

B. 破除旧的,建立新的

C. 扔掉旧的

D. 新旧都不要

75. 设计师、建筑师们自己分到房子也会:

A. 大兴土木

B. 绘出图纸

C. 心惊肉跳

D. 一步到位

76. 一幢新楼从交给用户起,一两年内不能峻工的原因是:

A. 重新装修

B. 修水管

C. 修马路

D. 修花园

77—80

陶器制造在中国已有一万年的历史,考古工作者在江苏省发现了一万年前的陶器碎片,说明了这个事实。

6000 年前仰韶文化时期,生活在黄河流域的人们制造了很多红色陶器。他们用泥土做成各种形状的陶坯,用火烧成各种生活用具,有盆、罐、瓶等等。由于当时陶器上多画着黑、白、红的纹饰和图画,所以人们把这种陶器叫做"彩陶"。

到了距离今天 4000 年的时候,人们又烧制出漆黑光亮的黑陶。黑陶器壁很薄,造型很美。黑陶中有一种"蛋壳陶",器壁竟和蛋壳一样薄,这实在叫人惊叹。黑陶的艺术性比较高,黑陶的品种也很多。

"唐三彩"是唐代烧制出的一种釉色艳丽的陶器,它以黄、绿、蓝等色彩为主,风格很独特。在西安、洛阳的唐代古墓中发现了大量的唐三彩,说明这种陶器是作陪葬用的东西。唐三彩有人物、动物,也有生活用品。唐三彩中,马的形象最多,也最有特色。

宋代,中国南方出现了一种紫砂陶器,有紫黑色、红褐色、淡黄色几种。紫砂陶器古朴高雅,可以使用,也可以观赏。人们最喜欢紫砂壶,紫砂壶是茶具,用它泡茶不走味,不烫手,使用的年代越久,泡出的茶越好喝,因此,被称为茶具中的"神品"。江苏省宜兴生产的紫砂壶最有名,宜兴是中国的"陶都"。

77. 考古工作者在江苏省发现了:

A. 唐三彩

B. 紫砂壶

C. 兵马俑

D. 陶器碎片

78. 仰韶文化时期在:

A. 四千年前

B. 六千年前

C. 一万年前

D. 三千年前

79. 唐代烧制出的一种釉色艳丽的陶器名叫:

A. 彩陶

B. 唐三彩

C. 黑陶

D. 釉陶

80. 紫砂陶器可以欣赏的原因是:

A. 色彩绚丽

B. 古朴高雅

C. 漆黑光亮

D. 器壁很薄

三、综合表达

(40题,约40分钟)

第 一 部 分

> 说明:81—90题,每段话都画出了 **ABCD** 四个部分,请挑出有错误的一部分,在答卷的
> 字母上画一横道。

81. 我们两个从小就在一起,可以说是青
    　　　A　　　　　　　　　B
    梅竹马。但是近30年没见面他了,不
    　　　　　　　　　　　C
    知在有生之年还能不能再相会?
    　　　　　　　　D

82. 我特别喜欢看小说,想买一本一本的
    　　　　　　　A　　　　　　　B
    小说,但我没有那么多的钱,只好一本
    　　　　　　　　　C
    一本租来看。
    　　D

83. 两年前,我在业余大学开始了学习英
    　　　　　　　　　　　A
    语,我的老师是一名英国人,她教学生
    　　　　　　　　　　　　　B
    英语非常有耐心,学生都很喜欢她,叫
    　　　　C　　　　　　　D
    她咪咪老师。

84. 1月20号放寒假,小李回家心切,早就
    　　　A　　　　　　　B
    订好了火车票。21号那天,他乘坐的
    　　　　　　　　　C
    火车是12点半在西客站发车,送他的
    张晓洋快1点的时候就来了。
    　　　　　　　D

85. 我母亲是德国一位有名的油画家,年
    　　　　　　　　A
    青的时候就感兴趣中国的水墨画。她
    　　　　　　　　B
    收藏了近百幅中国有成就的中青年画
    　　　　　　　　　C
    家的画,这对她来说是一笔不小的财
    　　　　　　　　　　　　　　D
    富。

86. 王小丽只练过不到一年的书法,在昨
    　　　　　A
    天的书法大赛上,却神速地在宣纸上
    　　　　　　　　B
    拿起写下了"青松不老"几个遒劲的
    　　　　　　　　C
    大字,献给她80岁的奶奶。
    　　　D

87. 人家都说我买的这件衣服不错,其实
    　　　　A

这件衣服有什么不好呢?又便宜、又
　　　　　　　　　　　B　　　　　C
漂亮,很多朋友知道后都问我衣服是
　　　　　　　　　　　　D
在哪个商店买的?

88. 一个人的能力是有限的,虽然要善于
　　A
把自己的心态调节到最佳状态,在工
　　　　　　　　　B
作中保持旺盛的精力。只有这样,才
　　　　　　C
能把工作做好。
　　D

89. 我刚来北京的时候,住在离城区很远
　　A
的郊区,我每天上下班最少得两个多
　　　　　　　　　　B
小时,感到非常累。我的一个朋友知
道后,很快给我打电话,让我搬到他那
　　　　　　　　　　　　　　C
儿去住。他这种助人为乐的精神,深
　　　　　　　　　　　　　　　D
受感动。

90. 一个当画家的朋友跟他的儿子非常失望,
　　A
他并非埋怨儿子身上没有艺术细胞不能
　　　　　　　　　　　B
像他那样挥毫作画,而是看不惯儿子昼夜
　　　　　　　　　　　　　　　　　C
颠倒,白天睡懒觉的习惯。
　　　　　　　　　D

第 二 部 分

说明:91—100 题,每段话中有 3—5 个空儿,请根据语境要求在 ABCD 四组答案中,选
　　　择一组最恰当的答案,在答卷的字母上画一横道。

91. 随着中国社会主义市场经济体制的初
步＿＿＿＿,随之而来的是不可抗拒的就
业＿＿＿＿的改变,由政府统一包下来,
＿＿＿＿了市场调控、人才流动。
A. 确定　　　方法　　　改为
B. 完成　　　种类　　　变成
C. 确定　　　方式　　　变成
D. 成立　　　形式　　　出现

92. 今天,中国陶瓷在传统工艺的＿＿＿＿
上,又有了新的＿＿＿＿和创新。一些仿
古陶瓷烧制成功,现代陶瓷大量出现。
现代陶瓷除了日用品以外,＿＿＿＿很多
新品种。
A. 工作　　　发展　　　可能
B. 条件　　　生产　　　确有
C. 管理　　　前进　　　另外

D. 基础　　发展　　还有

93. 肉类消费不再是经济情况良好的
_____，从胆固醇和荷尔蒙方面
_____，人们不再每餐都吃肉。中高收
入_____、知识分子和青年人对素食的
_____比较明显。
A. 标志　　考虑　　阶层　　好感
B. 表明　　决定　　方面　　尝试
C. 说明　　对待　　阶层　　讲究
D. 代表　　考虑　　等级　　热爱

94. 了解这个程序，不但可以帮助我们
_____到中国宴席菜点品尝中的节奏，
还可以_____我们做好赴宴的心理
_____，做到对宴席过程心中_____。
A. 明白　　请　　想法　　考虑
B. 体会　　使　　准备　　有数
C. 理解　　把　　出路　　有序
D. 清楚　　使　　准备　　有力

95. 中国旅游业_____的发展，带来了旅游
业的_____兴旺，_____了市场经济。
许多宾馆、饭店招揽顾客的方式也
_____。
A. 日新月异　迅速　促进　齐头并进
B. 热热闹闹　飞快　繁荣　百花齐放
C. 欣欣向荣　很大　尽快　屡见不鲜
D. 蓬蓬勃勃　日益　繁荣　层出不穷

96. 中国古代哲学有"天人合一"的学说，
_____是说，天与人是_____联系在一
起的。武术家也_____，人体运动
_____顺应天体的变化，才能_____锻
炼效果。
A. 里面　内在　看作　只是　得到
B. 意思　紧密　认为　只有　达到
C. 全文　全面　看成　只要　取得
D. 大概　部分　认为　只有　拿到

97. 心理学研究_____，有这样孩子的家长
_____少数，因为四岁的孩子_____爱
发问，这是他们语言能力_____发展的
表现之一。
A. 表明　　没有　　实在　　赶快
B. 显示　　不在　　的确　　迅速
C. 表现　　不在　　肯定　　尽快
D. 说明　　不止　　确实　　尽量

98. 有_____老话说，有生就有死。死亡在
人的个体发育中，是一件很_____的事
情。自古_____，人们_____生和死没
有办法_____，所以也有"生死莫测"这
句古话。
A. 篇　坦然　以来　至于　看到
B. 段　自然　以后　关于　迎接
C. 句　自然　以来　对于　预测
D. 堆　突然　以前　关于　想象

99. 一个人的肺活量除跟健康状况_____
以外，还跟本人胸腔的大小，肌肉功能
等关系_____，但是最主要的_____是
胸腔壁的扩张和收缩的宽松程度。
A. 有关　　密切　　因素
B. 联系　　紧张　　条件
C. 关系　　重要　　要求
D. 亲切　　密切　　因素

100. 中国儿童的生存、保护和发展_____
在发展中国家是_____的，联合国儿
童基金会对此十分赞赏，_____是城
市儿童，已不存在营养、中途失学等问
题，因此儿童基金会对中国的援助项
目_____集中在边远地区。
A. 情况　昂扬向上　特别　过于
B. 情形　生机勃勃　非常　重要
C. 状况　卓有成效　尤其　主要
D. 事情　异军突起　格外　相当

3·3·3·3·3

第 三 部 分

101. **A.** 那么,人们当然也就能应用各种方法来延长自己的生命

  B. 医学专家们认为

  C. 其中,坚持参加体育锻炼是一种十分有效的办法

  D. 如果今后采用这种办法能够对死神降临期作出比较准确的预测

102. **A.** 其中黄色琉璃瓦等级最高

  B. 只有皇宫的大殿才能使用

  C. 而民居一般用青瓦

  D. 古建筑屋顶上面要铺琉璃瓦和青瓦

103. **A.** 他所创立的儒家学说构成封建时代中国文化的核心

  B. 被称为封建时代的大圣人

  C. 孔子是中国文化史上非常重要的人物

  D. 对中华民族意识形态所产生的重大影响,是其他任何思想都不能相比的

104. **A.** 还有,湖泊、小岛、河流和温泉,真可以说是一块宝地

  B. 当年康熙皇帝打猎时看中了这块地方

  C. 这儿有高山、峡谷、平原、草地

  D. 避暑山庄的自然环境十分优美

105. **A.** 我们借助当地电台、报纸等宣传工具

  B. 从而收到了较好的宣传效果

  C. 在建厂头几年

  D. 先后举办了招待会、新闻发布会、展销会等活动

106. **A.** 和物质生活的基本保证相比

  B. 结果发现

  C. 上海文学院社会学研究室的一些学者最近就老年人的生活情况进

行了抽样调查

D. 老年人的精神生活显得十分空虚和单调

107. A. 女性比男性更长寿些

B. 纵观全球,男性和女性之间

C. 但有一点却大致相同

D. 尽管文化不同,饮食不同,生活方式及人们死亡原因不同

108. A. 它能使对方尽快成为自己的美食

B. 蜘蛛能向猎体内注射毒汁

C. 而且毒汁里还含有高效消化酶

D. 不仅能使敌手强烈麻醉

109. A. 后来才明白,暖瓶里灌的就是热甜茶

B. 我时常看到许多藏民提着或背着暖瓶

C. 在拉萨街头,或长途汽车上

D. 觉得很奇怪

110. A. 消费者就会出现逆反心理

B. 明星广告偶一为之或少量为之是会起到事半功倍的效果的

C. 但过多过滥

D. 而对明星广告提出怀疑

第 四 部 分

说明:111—120 题,每段文章中都有若干个空儿,空儿中标有题目序号,请根据文章内容,在答卷的空格中填上最恰当的汉字。共 10 个空儿。

111—114

广告投入是一种硬性投入,而广告效[111]带来的潜[112]效益则是滞后的,尽管[113]不得孩子套不住[114],但也要看看有多少"孩子"。

115—116

中国是个多花的国家,许多名花传[115]世界各地,其中以梅花最受人们喜爱。

梅花是中国的特产名花,在中国至少有两千多年的[116]培历史。

117—120

有关专家解[117]说,人类居住在海底并非痴人说[118],从目前发现的很多线[119]都可以[120]示人类很可能本来就是从海里走向陆地的。

答 题 纸

50

听力理解录音材料

第 一 部 分

1—4

"谁愿做我新世纪年夜的朋友,共度浪漫平和的新世纪年夜,留下永恒的世纪回忆?"昨天上午,记者在海淀区一所高校发现,平常贴满了寻物启示和通知的布告栏里出现了这样一则"约友广告"。今晚就到新世纪年夜了,网上和一些大学校园里忽然开始流行约朋友。

"约朋友其实不是今年的新现象。"中国人民大学女生小同说,"我每到节假日的时候都要约朋友,这些朋友都是陌生人。"她说约朋友通常有三种方式,一种自己负担对方的所有开支;第二种是除了负担对方所有开支外,还要按时间给对方付租金,一般价钱不等,少的也得一小时50元钱。还有一种是对方也在约朋友,结果就互约,费用当然也是 AA 制。

12月25日,外企工作的代明序带着约来的女友去北京展览馆小剧场观看了一场《天上人间》。他说,尽管两人说话的机会不算多,但感觉很浪漫。

"也许有人会把我们想得很复杂。"大学生小同说,"但实际上绝大多数人约朋友的目的十分单纯:为了解除孤独。"她说大学生约朋友其实是有条件的,大多数情况下是考虑到安全和文化品位相投,就看感觉如何了。

为什么有人愿意尝试这种陌生而又刺激的方式呢?孙云晓认为:现代青年心态是开放的,他们对陌生、新鲜的事物感兴趣,他们喜欢打破常规。除了因为一些活动很有纪念意义外,青年人猎奇、好动的特点也是起因之一。北京大学一位姓刘的女生则说,约朋友现象说明现在的人越来越孤独,尤其是那些外地来的学生。越来越多的青年人想通过这种聚会的方式结交更多的朋友。

1. 海淀区一所高校的"约朋友广告"出现在什么地方?
2. 女生小同说,约朋友通常有几种方式?
3. 大学生约朋友的目的复杂吗?
4. 为什么会出现"约朋友"的现象?

5—7

"指鹿为马"是中国的一个成语。故事发生在秦朝,一个名叫赵高的人想造反,怕别人不同意,就先实验一下。他把一匹鹿献给皇帝,说:"这是马。"皇帝笑着说:"你错了,这是鹿,不是马。"问旁边的人,有的人不说话,有的说是马,有的说是鹿。事后赵高就把说是鹿的人杀了。

"指鹿为马"是一种十分有用的观察人的方法。在交际中我们可以故意把这个说成那个,把对的说成是错的,从而使人们不得不在对错面前说出自己的态度,通过他的态度,来了解他的品质、能力、个人爱好等。它就好像一面镜子,用得好,可以把人的各个方面都反映出来。用它可以看出一个人的好坏和能力。

5. 赵高把什么献给皇帝了？

6. "指鹿为马"是一种什么样的方法？

7. 这种方法可以看出一个人的什么？

8—9

清晨,空气新鲜,大气层中含有较多的氧气。中老年人应该到绿地或公园中进行呼吸养生。呼吸养生的正确姿势是:挺身直立,目光远视,两手叉在腰间,双肩松弛,胸部自然舒展;接着,用双手向自己的肚脐方向用力推挤,同时通过鼻腔深深地吸气;然后再从口中缓缓吐出,双手收回到腰部。呼吸养生的关键在于吸气、呼气要尽量缓慢,如果平时一呼一吸需要5秒钟,那么进行呼吸养生时就需要10秒钟。像这样每天做上40—60次,不间断,就可以使肌体得到较多的氧气,从而刺激心、脑、肝、肾等重要脏器的组织细胞,维持正常的新陈代谢,使青春常驻。

8. 清晨,中老年人应该到绿地或公园中做什么？

9. 进行呼吸养生时,一呼一吸用多长时间合适？

10—12

近几年,人们在为北京城市路网建设成就欢呼的同时,却又对因"拥堵"导致"出行难"日渐严重的现实感到了困惑,"路修得越多,反而越堵"的反差,更令人们不解。这似乎很矛盾,又似乎是个"谜"。面对此情此景,有的人在叹息,有的人在思考,有的人在着急。但不管是哪一种心态的人,无疑都希望路畅人安。

那么京城堵成这个样子,到底是什么原因呢？人们给"堵"说出了几大"症状":车满为患、故障添乱、事故频繁、违章不断。应该说,基本如此,不够全面。因为人的因素不能忽略不算。可以这样认为,当前交通拥堵严重,固然有其他因素,但社会交通行为当中存在的不讲文明、不讲道德的行为亦是重要原因。随处可见的闯红灯、超速行驶、争道抢行、酒后开车、横跨隔离栏(墩)、随意停车……等等,再加上行车、走路中的随意性,对本来就不算畅通的道路来说,无疑是雪上加霜,被人为地堵死了。细想起来,这不能不说是一种悲哀。因此,纠正人们交通行为中的不良行为,已成当务之急。

10. 近几年来,在京城人们希望什么？

11. 京城的交通怎么样？

12. 走路中的随意性对交通怎么样??

13—16

女:老王! 怎么搞的? 没听见是怎么着?

男:刚才是你喊我来着? 有事吗?

女:我说你在那儿想什么呢? 喊你这么半天也没反应?

男:我呀,在想我今天遇到的倒霉事呢。

女:怎么回事? 说给我听听。

男:今儿一大早儿,我就觉得不对劲儿,新买的衣服才穿在身上,一出门就让一骑摩托车的小子给刮了一下。说进趟城吧,一上车,脚还没站稳,售票员就喊开了:"没票买票啊,没票买票!"喊就喊呗,一个劲儿地盯着我干嘛? 好像就我没买票似的。你说我倒霉不倒霉?

13. 男的在想什么事呢？

14. 男的今天一大早就觉得怎么样？

15. 男的新买的衣服怎么了？

16. 售票员在车上大喊,男的怎么认为?

17—19

女同学:小李,你说什么人能当老师呢?

小　李:要我说呀,老师应该是:知识渊博,言谈高雅,举止端庄,衣着朴素,心灵高尚……

女同学:好家伙,叫你这么一说,当老师可真够难的!

小　李:还不止这些,当老师还要脾气好,不急躁,有耐心,不骄傲。当老师还要有一个最关键的条件,就是口才好;否则,就只能是茶壶里煮饺子——倒不出来。讲课口齿清楚,生动有趣,学生才爱听,注意力也就集中了。

17. 女同学向小李提出了什么问题?

18. 女同学认为当老师难吗?

19. 小李认为当老师最关键的条件是什么?

20—22

女:你怎么还收拾呢?眼看就要到点了。好好检查一下,没落下啥吧?火车票带上了吗?

男:早就收拾好了,看你这罗嗦劲儿,我又不是第一次出差。

女:还嫌我罗嗦?哪次你不是丢三落四的?行了,这就走吧,我去送送你。

男:别忙啊!抽支烟再走,待会儿你就甭送了。

女:哎,差点忘了,你那宝贝小红让你买

的东西,你都记住了吗?

男:记住了,不是要皮凉鞋吗?比普通鞋小半号的。

女:错了不是?这还没走,就张冠李戴了。小红要的是新潮连衣裙。皮凉鞋是我要的,千万别搞混了。

20. 男的对女的的话有什么感觉?

21. "丢三落四"是什么意思?

22. "张冠李戴"是什么意思?

23—25

记者:何先生,1999年你联合北大创意等公司推出了"诊断生病企业"的"蓝十字工程",现在进展如何?

何放:近十年来,我个人主要研究企业策划和个人创意。我先后接触了近千家企业,举办了200多个讲座,特别是"中国企业病诊断"的讲座反响最热烈。

记者:你们的"蓝十字工程"要进行多少年?

何放:没有时间表,一直进行下去,将"蓝十字工程"进行到底,像"红十字工程"那样救治生病的企业义不容辞。

记者:你觉得你公司现在开展的业务与世界的先进水平差距有多大?

何放:要差100年吧。我现在的工作只是万里长征跨出了第一步。

23. 何先生在1999年推出了什么工程?

24. "蓝十字工程"要进行多少年?

25. 何先生现在的工作进行得怎么样?

第 二 部 分

26—31

王老先生：天天去公园跳迪斯科有什么
意思？也不看看自己多大岁
数？

王老太太：你呀，到公园去看看吧，跳迪
斯科的人多着呢！早先打太
极拳的人全都改行了！

王老先生：我就觉得老年人跳迪斯科不
合适。就说那音乐吧，像打
铁似的，节奏太快，像我们这
么大岁数的人怎么能跟得上
呢？再说那动作，对老年人
来说也太轻浮。

王老太太：活动量大，节奏快，这就是迪
斯科的特点。这叫充满活
力，热情奔放！你呀，真是个
老顽固！

王老先生：看来我们两个在夜余爱好上
真是两股道上跑的车，越说
越说不到一块了，那也就只
好各奔东西了。你跳你的迪
斯科，我打我的太极拳。

王老太太：唉，看来咱们两个谁也说服
不了谁，只好分道扬镳了。

26. 老先生为什么不同意老太太去跳
迪斯科？

27. 以前在公园打太极拳的人都做什
么了？

28. 老先生觉得迪斯科的音乐怎么样？

29. 老先生反对老太太跳迪斯科，老太
太说他是什么人？

30. "两股道上跑的车"是什么意思？

31. 最后两个人怎么样了？

32—35

记者：陈红，当时您决定拆掉已经起了
三层的楼盘是出于什么考虑？

陈红：这是住宅小区建设中的一件小
事，不值得一提。当时我刚接手
这个项目，就项目提出了一些质
量要求，工程部居然答不上来，这
是不行的。如果说以往由于住房
消费群体的盲目性和市场的不成
熟造成了房地产的"暴利时代"，
那么，今天则是市场走向规范的
"品牌时代"。品牌与创新是我孜
孜以求的事业目标，也是公司长
盛不衰的核心竞争力。

记者：您能谈谈您的楼盘与其他楼盘相
比较有什么创新之处吗？

陈红：这个住宅小区要建成 2000 年精
品代表作，它体现一种高尚文化，
一种成功价值。具体表现在以下
两个方面：一、区位环境优势。首
先，这个住宅小区，东临朝阳公
园，西接高尔夫球场。凭窗望去，
公园和球场的美景尽收眼底。交
通方便，空气新鲜，闹中取静。其
次，楼盘绿化中西结合。音乐喷
泉，小桥流水，观景凉亭，错落有
致。二、追求完美的硬件配备，主
要表现在配套的超前高档，科技
的前瞻性和用材用料的讲究上。

32. 陈红要建设的是什么项目？

33. 陈红孜孜以求的事业目标是什么？

34. 陈红要建设的这个住宅小区主要
要体现什么？？

35. 这个住宅小区的绿化怎么样？

36—40

李先生：大家都知道广告与经济发展的关系密切，在中国的东部沿海地区经济发达，广告就多。那能不能说，广告多就说明那个地区的经济发达呢？

路先生：我觉得这么说太绝对了，广告好不一定商品就好，不是谁的质量好，广告人就给谁做广告。如果只在广告上做文章，那厂家的利益也只能是暂时的。

李先生：但对一个不太出名的产品来说，如果不做广告，别人又怎么知道它呢？又怎么促进它的发展呢？产品被宣传了，它就会改进，不但能给厂家带来利润，而且促进生产力向前发展。

路先生：对，广告对这些名牌产品的作用显而易见，但不要忘了，这些名牌也得靠其他的力量。质量管理、售后服务等等都影响到这个企业能不能赚钱，广告的作用恐怕没有您说的那么神吧。

李先生：我看你对广告的情绪不太对头，恨不得没有广告才好。其实恰恰相反，广告是传播信息的一个非常重要的渠道，我们应该充分利用这个渠道促进经济的发展。

36. 在中国的哪些地区经济发达，广告也多？

37. 广告好商品就一定好吗？

38. 不太出名的产品应不应该做广告？

39. 广告对名牌产品的作用怎么样？

40. 我们应该利用广告这个渠道做什么？

参 考 答 案

一、听力理解

1. C	2. D	3. A	4. C
5. A	6. C	7. B	8. C
9. B	10. C	11. C	12. B
13. B	14. A	15. C	16. C
17. B	18. C	19. D	20. A
21. C	22. B	23. D	24. C
25. A	26. C	27. B	28. C
29. D	30. C	31. B	32. C
33. A	34. D	35. A	36. C
37. B	38. D	39. B	40. A

二、阅读理解

41. 晴空万里	42. 火箭起飞前的最后测试	43. 严肃紧张
44. 按钮	45. 很小的亮点	46. 西汉
47. 皇权的象征	48. 数不清	49. 吉祥的神物
50. 聪明	51. 健康	52. 脱离母体的种子
53. 没有或很少有	54. 十四条	55. 很多

56. A	57. A	58. D	59. C
60. A	61. B	62. C	63. B
64. D	65. B	66. C	67. A
68. D	69. A	70. C	71. B
72. B	73. C	74. B	75. A
76. A	77. D	78. B	79. B
80. B			

三、综合表达

81.C	82.B	83.A	84.D
85.B	86.C	87.B	88.B
89.D	90.A	91.C	92.D
93.A	94.B	95.D	96.B
97.B	98.C	99.A	100.C
101. BDAC	102. DABC	103. CBAD	104. DCAB
105. CADB	106. CBAD	107. BDCA	108. BDCA
109. CBDA	110. BCAD	111. 应	112. 在
113. 舍	114. 狼	115. 遍	116. 栽
117. 释	118. 梦	119. 索	120. 显

HSK
中国汉语水平考试
[高　等]
作文试卷

考试要求

1. 考试题目:《一封投诉信》(请根据下面提供的材料)
2. 书写要求:全部用汉字写(也可以用繁体字),每个空格写一个汉字。汉字书写要清楚工整。标点符号要正确,每个标点占一个空格。
3. 字数要求:400—600 字。
4. 书写格式:书信体格式。
5. 考试时间:30 分钟。

在什么情况下可以投诉呢?

1. 只要自己购买的商品在质量、价格、安全、卫生等方面有问题并向经营者提出而不能解决问题时,都可以投诉。

2. 投诉信可以写给消费者协会或新闻单位。

3. 信的内容主要有:投诉人的姓名、地址和电话、被投诉者的单位、所购商品的名称、规格、价格、及损坏的程度、投诉人的要求等。

HSK
中国汉语水平考试
［高　等］
口试试卷

注意事项

1．考试时间总共 20 分钟。准备,10 分钟;考试,10 分钟。

2．准备时间可以写口试提纲,作为回答问题时的参考。提纲可以写在考题下面的空白处。

3．考试共有两项内容:

   (1)朗读一段文章,时间约用 2 分钟。

   (2)口头回答指定的两个问题,每个问题可用 3 分钟。

   请按规定时间完成每一项考试内容。

4．考试是用录音的形式,你的口试答案都要录在磁带上:

   (1)考试开始,由主考打开录音机,当你听到"现在开始进行口试"的指令时,你应该按照卡片上填写的内容说:

     我的考生代号是×××××××××××,试卷号码是×××××××,我的名字是××××,我是××国人,现在我开始朗读文章。

   (2)朗读完毕,中间不停顿,你应该说:朗读完了,现在我回答第一个问题。

   (3)第一个问题回答完以后,中间不停顿,你应该说:第一个问题回答完了,现在开始回答第二个问题。

   (4)第二个问题回答完了以后,你应该说:问题全部回答完了。

   (5)考试结束,由主考统一关机。

一、朗读:

    动身访美之前,一位旧时同窗写来封航空信,再三托付我为他带几颗生枣核。东西倒不占分量,可是用途却很蹊跷。

    从费城出发前,我们就通了电话。一下车,他已经在站上等了。我们分手快有半个世纪了,现在都已是风烛残年。

    拥抱之后,他就殷切地问我:"带来了吗?"我赶快从手提包里掏出那几颗枣核。他托在掌心,比珍珠玛瑙还贵重。

    我问起枣核的用途,他一面往衣兜里揣,一面故弄玄虚地说:"等会儿你就明白啦。"

那是座美丽的山城,汽车开去,他朝枫树丛中一座三层小楼指了指说:"到了。"他把我安顿在二楼临湖的一个房间后,就领我去踏访他的后花园。地方不大,布置得却精致匀称。我们在靠篱笆的一张白色长凳上坐下,他劈头就问我:"觉不觉得这花园有点家乡味道?"经他指点,我留意到台阶两旁是他亲手栽的两株垂杨柳,草坪中央有个睡莲池。他感慨地对我说:"栽垂柳的时候,我那个小子才五岁。如今在一条核潜艇上当总机械长了;姑娘在哈佛教书。家庭和事业都如意,各种新式设备也都有了。可是我心上总像是缺点儿什么。也许是没出息,怎么年纪越大,思乡越切。我现在可充分体会出游子的心境了。"

接着,他又指着花园一角堆起的一座假山石说:"你信吗?那是我开车到几十里以外,一块块亲手挑选,论公斤买下,然后用汽车拉回来的。那是我们家的'北海'。"

说到这里,我们两人都不约而同地站了起来。穿过草坪旁用卵石铺成的小路,走到"北海"跟前。真是个细心人呢,他在上面还放了一所泥制的小凉亭、一座红庙,顶上还有白塔。朋友解释说,都是从旧金山唐人街买来的。

他告诉我,时常在月夜,他同老伴儿并肩坐在这长凳上,追忆起当年在北海泛舟的日子,睡莲的清香迎风扑来,眼前仿佛闪出一片荷塘佳色。

二、回答问题:
1. 介绍一下你的家乡或你最喜欢的一个地方。
2. 谈谈你对男女平等的看法。

第三套模拟试题

一、听 力 理 解

(40题,约25分钟)

第 一 部 分

说明:1—25题,在这部分试题中,你将听到几段讲话或对话。每段话之后,你会听到
若干个问题,每个问题都有四个书面答案,请你从中选择出唯一正确的答案。
例如,第1—8题,你听到:

女:李玉田的对象怎么样?

男:论人品,没的挑;论长相,不敢恭维。

女:他不是非要找个漂亮的吗?

男:这你就不懂了,这就叫"情人眼里出西施"啊!

第三个人根据这段对话提出两个问题:

8. 李玉田想找个什么样的对象? 你会在试卷上看到四个答案:

　　A. 人品好的

　　B. 长相好的

　　C. 不爱挑毛病的

　　D. 喜欢恭维人的

根据对话,第8题唯一正确的答案是 **B**,你应在答卷上找到号码8,在字母 **B**
上画一横道:

8. 〔**A**〕　　〔**B**〕　　〔**C**〕　　〔**D**〕

你又听到:

9. 男的认为李玉田的对象长得怎么样? 你会在试卷上看到四个答案:

　　A. 比较漂亮

　　B. 胜过西施

　　C. 不太漂亮

　　D. 不敢公开

根据对话,第9题唯一正确的答案是 **C**,你应在答卷上找到号码9,在字母 **C**
上画一横道:

9. 〔**A**〕　　〔**B**〕　　〔**C**〕　　〔**D**〕

1. A. 铺设桥梁
   B. 互相对话
   C. 亚欧平等
   D. 经济发展

2. A. 东亚经济近年来的迅速崛起
   B. 欧洲企业不断扩大对亚洲的投资
   C. 赢得了不容低估的国际地位
   D. 在发展经济和技术革新方面领先

3. A. 愚蠢
   B. 有利
   C. 明智
   D. 领先

4. A. 在亚欧之间架桥
   B. 加强亚欧之间的经济联系
   C. 建设亚欧之间的公路
   D. 开发亚欧之间的旅游

5. A. 成年时代
   B. 童年时代
   C. 青年时代
   D. 婴儿时代

6. A. 法国神话
   B. 泰国神话
   C. 希腊神话
   D. 日本神话

7. A. 山海经
   B. 淮南子
   C. 劳动人民
   D. 古代英雄

8. A. 不太多
   B. 比较多
   C. 还可以
   D. 很丰富

9. A. 三百多位
   B. 全部坐满
   C. 人数不多
   D. 有很多空位

10. A. 爆发出热烈的掌声
    B. 没有人管这件事
    C. 很多人都不理不睬
    D. 大家纷纷要捐款、捐物

11. A. 快快乐乐的生活
    B. 平平淡淡的生活
    C. 缺吃少穿的生活
    D. 失去健康的生活

12. A. 怕父亲太累
    B. 怀疑父亲有了第三者
    C. 怕母亲也要去
    D. 怕父亲不理解

13. A. 浪漫的爱情片
    B. 惊险和恐怖的
    C. 故事情节曲折的
    D. 好玩儿的动画片

14. A. 女的没有时间
    B. 他们想去跳舞
    C. 男的想去游泳
    D. 两个人的爱好不同

15. A. 给司机一点帮助
    B. 对司机表示感谢
    C. 给司机精神上的补偿
    D. 不让司机生气

16. A. 不应该要
    B. 应该要
    C. 可以要
    D. 要了，再退回去

17. A. 物质上的报答
    B. 去探望司机
    C. 给一点回报
    D. 写感谢信

18. A. 别人对你有恩,应当很好地报答
    B. 小水应当变成大水
    C. 小河应该变成大河
    D. 小泉能涌出很多的水

19. A. 去取招聘广告
    B. 去探视朋友
    C. 去广东找工作
    D. 去听经验介绍

20. A. 很成功
    B. 总是碰壁
    C. 很有经验
    D. 很高兴

21. A. 看不见泰山的高大
    B. 从来没有去过泰山

C. 对有能力的人不能发现
D. 不知道泰山在哪儿

22. A. 去郊外野游
    B. 去加油站加油
    C. 去商店买东西
    D. 去外地旅游

23. A. 泡汤了
    B. 赶快回来了
    C. 出车祸了
    D. 抛锚了

24. A. 自己修好了
    B. 朋友修好了
    C. 在加油站请人修好了
    D. 把车推回家修好了

25. A. 耽误时间
    B. 污染
    C. 撞人
    D. 超速

第 二 部 分

说明:26—40题,请你听几段采访的实况录音。每段录音之后你将听到若干个问题,每个问题都有四个供选择的书面答案,请你从四个答案中选择唯一正确的答案。

26. A. 红、白、蓝、绿
    B. 黑、绿、蓝、灰
    C. 紫、黄、黑、蓝
    D. 粉、白、黄、紫

27. A. 商店太少
    B. 衣服太多
    C. 身体太差

D. 观念问题

28. A. 人的衣服马不能穿
    B. 衣服穿得好就显得漂亮
    C. 马的鞍是让人骑的
    D. 马的鞍和人的衣服一样

29. A. 实惠
    B. 漂亮

65

C. 名牌

D. 新潮

30. A. 价钱便宜的衣服

B. 价钱昂贵的衣服

C. 价钱适中的衣服

D. 减价打折的衣服

31. A. 犯罪问题

B. 同名同姓

C. 药费问题

D. 骗钱问题

32. A. 两千个

B. 三百个

C. 三千个

D. 一千个

33. A. 简洁

B. 好处

C. 便利

D. 麻烦

34. A. 运动鞋、运动场

B. 运动服、运动会

C. 运动服、运动鞋

D. 运动场、体育馆

35. A. 改变

B. 继续

C. 不管

D. 没事

36. A. 眼镜问题

B. 看电视问题

C. 真假近视问题

D. 光线问题

37. A. 有点儿

B. 没有

C. 可能

D. 差不多

38. A. 吃饭

3. 买东西

C. 走路

D. 上课或读写

39. A. 经常去医院检查

B. 养成正确的用眼习惯

C. 不要看电视

D. 常常吃药

40. A. 看不见东西

B. 看图像太暗

C. 损害视力

D. 视网膜脱落

二、阅读理解

(40题,40分钟)

第 一 部 分

(15题,15分钟)

> 说明:41—55题,请你在5分钟之内,快速阅读几段文章,每段文章的后面有若干个问题,请根据文章的内容,用最简洁的文字回答问题。答案要用汉字书写,汉字要写在答卷的横线上。

41—45

用第三只眼睛看市场,即用消费者的观点来看市场,这是企业家力透纸背的经验之谈。纷繁多变的市场,广大消费者无不关注。精明的企业家把众目睽睽分为三个层次,即第一只眼睛是企业看市场,第二只眼睛是政府看市场,第三只眼睛是消费者看市场。作为企业的经营者,不仅要站在企业的角度看市场,还要站在消费者的角度看市场。站在不同的角度就会有不同的感受,消费者的消费心理和消费需求,正是不少企业家们知之不多而求之不得的。

用第三只眼睛看市场,成功的企业并非仅仅是看,而是在看中分析市场、研究市场,从消费者的需求中去开发市场、适应市场。我们的东邻日本,市场上就有一种专事收集消费者意见、揣摩消费者心理的跑街先生。日本有一个公司,在国内外就设立了100多家机构,跑街先生每天可向公司发回有关商务的信息数万条,使公司对世界各地的消费者的需求了如指掌,销售业绩越来越大。国内不少企业也正是不断根据市场调查获得的信息,了解和发现消费者的需求,使企业在市场的大潮中如鱼得水,游刃有余。

用第三只眼睛看市场,并非像说说那样容易。市场千变万化,消费者的消费心理、消费习惯也不尽一致,精明的企业家即要看准市场,更要有正确的市场定位能力。可以这样说,企业创造利益的原动力在于尊重"消费者主权",这是企业成功占领市场的关键所在。我们众多的企业家们,你能用第三只眼睛看市场吗? 有心者不妨一试。

41. "用第三只眼睛看市场"中的"第三只眼睛"指的是什么?

42. "第二只眼睛"指的是什么?

43. 在日本市场上,有一种专事收集消费者意见、揣摩消费者心理的人,被称为什么?

44. 跑街先生每天可以向公司发回信息多少条?

45. 精明的企业家,即要看准市场,更要有什么能力?

46—49

未来 20 年,职业和职位的变化将对中国的教育产生最为直接的影响,因为教育是供需之间的重要环节,它的作用就像一个平衡杠杆。首先受到影响的将是中国的大学教育,大学里的专业设置、课程内容、教学内容、教学方法等将为适应市场化、信息化、国际化等方面的变化而发生改变。

中国科技大学校长朱清时院士认为,知识经济时代对掌握知识创新、传播和运用的专门人才的素质提出了更高要求。而中国目前的大学教育仍存在一些不符合培养高素质创造性人才的思想和观念,主要是在教育思想上强调统一,而忽视个性培养;在人才培养上强调适应市场经济需要的知识和能力,而忽视创新精神的培养。因此,21 世纪中国的高等教育面临如何改造、发展、创新的问题。在这种新形势下,高校必须大力推进新一轮改革创新。

进入 21 世纪,具有竞争优势的职业与职位及其相关的人才,会获得成功。这些人正是在长期的市场化中摸爬滚打,适应技术的变化,与国际标准对接,从而成长起来的一批新秀。

对这些人来讲,是在经历不懈的努力和激烈竞争后,脱颖而出,因此获得了职业与职位的成功。一部分成功者兴奋和激动的同时,在国家政策和制度"关照"中长大。而长期与市场竞争无缘,不能适应信息化时代的要求;在巨大的社会变动中,因循守旧,不思进取,能力退化者,将对职业与职位的变动发生恐惧、沮丧和失望。一言以蔽之,个人的成功与失败取决于个人对上述经济和社会因素变动的反应速度和适应能力,以及最终的个人竞争能力。

46. 未来 20 年,职业和职位的变化将对中国的教育产生什么影响?

47. 21 世纪中国的高等教育面临什么问题?

48. 21 世纪,具有竞争优势的职业、职位及其相关人才会怎么样?

49. 有些不思进取,能力退化者会对职业和职位的变动怎样?

50—53

古典园林是中国古代建筑艺术宝库中的一颗明珠。一般来说,古典园林可以分为江南私家园林和北方皇家园林两种类型。

江南私家园林充分利用南方四季长青、花木繁茂的特点,园林布局自由灵活,景物小巧丰富,充满情趣。著名园林有苏州的四大名园以及无锡的寄畅园,扬州的个园等。

北方皇家园林规模宏大,气势雄伟,豪华富贵。代表园林有承德的避暑山庄,北京的颐和园、北海公园,以及已被烧毁的圆明园等。

这两种类型的园林在规模和风格上虽然差异很大,但从造园艺术上讲是有共同特点的。首先园林都是由山、水、花木、建筑组合而成;其次都是利用人工的力量再现自然山水之美,建造出充满诗情画意,比自然山水更美的景色,使园林达到"虽由人作,宛如天开"的艺术境界。

中国古典园林跟西方园林不一样。西方园林呈现的是整齐的绿茵草地、图案式花坛、漂亮的水池喷泉、高雅的雕塑艺术,这是一种西方园林美。中国园林崇尚自然,要在园林中再现自然美。再现自然美是中国园林建造的主导思想,诗情画意是中国园林艺术的主要追求。

50. 中国的古典园林分为几种?

51. 无锡的著名古典园林叫什么名字?

52. 江南私家园林和北方皇家园林在规模和风格上怎么样?

53. 什么是中国园林艺术的主要追求?

54—55

　　指南针的发明促进了中国的航海事业。明代,人们利用指南针,在海上找到了很多航路。古代中国最大的航海活动是明代郑和的七次西洋远航。

　　明朝前期,中国是当时世界上一个富强的国家。为了扩大明王朝的影响和发展海外贸易,皇帝派郑和出使"西洋"。

　　公元 1405 年 7 月,郑和率领着当时世界上最大的船队,从长江边上的苏州刘家港出发,开始了第一次远航。船上装满了丝绸、瓷器、金银制品等货物。船队使用罗盘导航。1407 年 10 月,船队回到中国。

　　以后,郑和又进行了六次远征。

　　1417 年,郑和第五次远航到达了红海,在红海上他们遇到了特大风暴,很多船员死在海浪之中。最后,狂风巨浪把船队推到一个岸边。后来才知道,他们到了非洲的东海岸。

　　1421 年,郑和第六次航行路过台湾。

　　1431 年,郑和已经 60 岁了。他又率领船队进行了第七次远航,回来不久就病死了。

　　郑和七次远航,访问了 30 多个国家和地区,每到一处都受到热烈欢迎,还扩大了中国同南洋各地的贸易和往来,增强了政府间和人民间的友谊。郑和不愧为中国和世界历史上杰出的航海家。

54. 郑和一生进行了几次西洋远航?

55. 郑和在中国和世界历史上被称为什么人?

第 二 部 分

(25题,25分钟)

　　说明:56—80 题,每段文字后都有若干个问题,每个问题都有 **ABCD** 四个答案,请读后根据文章的内容选择唯一正确的答案,在答卷的字母上画一横道。

56—58

　　我认为,中国人"厨房革命"的重点问题应是排烟问题。

　　九十年代以前设计的居民厨房,排烟问题没有解决好,九十年代以来的厨房排烟问题也不都尽如人意,例如预留的烟道太小,抽油烟机的排风塑料管和其相连,排烟不畅。我曾经做过试验,将抽油烟机的排烟塑料管直接穿过窗户通至室外,排烟效果好多了。这样做,就要将煤气灶移至窗口,缩短排烟管的长度,但煤气灶要移动,需得到煤气公司批准,由煤气公司来移。

　　现在的抽油烟机是安装在锅灶的上方,装低了碰人头;装高了,抽油烟的效果差。而且在上方的装法,油烟通过人的呼吸道,对人有危害。能否生产一种侧面抽油烟而风力大的抽油烟机？另外油烟排出室外,也污染了大气,能否生产环保抽油烟机?

中国人喜欢吃炒菜,要改变传统习惯,短期内是很难办到的。现有的炒菜方法,是敞着锅炒菜,能否生产一种炒菜锅,可密封炒菜,有加油孔、加料孔,炒勺装在锅中间;通过手动或电动炒菜,锅盖要透明,使人能看清操作情况。

总之,要解决排烟问题,就要从厨房设计、排风装置的改进和煎炒烹炸厨具的更新做起。

56. 下面哪些说法符合这段文字的内容?

  A. 炒菜的方法问题

  B. 厨房的排烟问题

  C. 安装水管的问题

  D. 下水道堵塞问题

57. 煤气灶要移动,需要得到批准的单位是:

  A. 管道公司

  B. 物业公司

  C. 煤气公司

  D. 卖煤气灶的商店

58. 中国人现有的炒菜方法是:

  A. 敞着锅炒菜

  B. 密封炒菜

  C. 盖着锅炒菜

  D. 电动炒菜

59—61

李时珍(公元 1518－1593 年)是明代著名医药学家,湖北人,出生在一个医学世家。他从小就对医学产生了浓厚兴趣,24 岁那年,开始给人看病。他诊断认真,待病人热情,深受人民爱戴。

在行医过程中,李时珍发现当时的医药书籍错误太多,有些分类不清,有些记载的

药性不准,还有些加进了迷信的东西。医药书的好坏关系着人们的身体健康和生命,李时珍决心写一部比较科学完善的医药书。于是,从 35 岁开始,他集中全部精力编写《本草纲目》。

为了写好这部书,他读了 800 多种书籍,走访了长江、黄河流域的许多地方,虚心向当地人民请教,广泛收集药物标本和民间药方,还在家里试种药材。经过 27 年的艰苦努力,终于在 1578 年完成了《本草纲目》这部世界闻名的医药巨著。

《本草纲目》共 190 多万字,分 16 部,52 卷,60 类。收集的药物共 1892 种,每种药物的产地、形状、颜色、气味和主治病症都写得明白,有条理;收入的药方有 11096 个;为了帮助人们辨认药物,绘制了插图 1110 幅,形象地表明了各种药物形状。

《本草纲目》不但是一部总结中国 2000 年来药物知识的巨著,而且还是一部植物学巨著。1647 年一位波兰人把《本草纲目》译成《中国植物志》,于 1659 年出版,对欧洲植物学有很大影响。此后,《本草纲目》先后被译成多种文字,流传到各国。

今天,在湖北蕲春有李时珍墓和药圃,供人们参观游览。

59. 李时珍是:

  A. 古代著名诗人

  B. 现代著名医药学家

  C. 明代著名医药学家

  D. 当代著名医生

60. 这篇文章的内容是:

  A. 介绍李时珍和他的《中国植物志》

  B. 介绍李时珍和他的《本草纲目》

  C. 介绍李时珍和他的《医药大全》

  D. 介绍李时珍和他的《植物学》

61. 今天,在湖北蕲春有李时珍的:

A. 医药书

B. 后代

C. 纪念馆

D. 墓和药圃

62—64

我们的感觉输入大概有 90% 以上是来自眼睛。因此我们要锻炼眼睛,使我们能有一个好的视力。

在电脑前连续工作了几小时的人常常说他们看不清东西。"看报运动"能够使你眼里的世界重新清楚起来。找一张报纸钉在距离你的座位约 2.5 米的墙上,每过 15 分钟左右看看这张报纸,先看报纸上的标题,再看看电脑荧光屏,连续做 5 次。这种锻炼可以使你的眼睛得到放松。

视力好的人不但看得清楚,而且应该比别人看得更快、更多。下面是两个专家提出的速度练习:

第一,保持头部不动,尽可能快地把目光左右移动,一定要把你的目光集中在每一边的最外侧。这种锻炼能改善你的外围知觉。

第二,努力在 10 秒钟内扫视房间里的 10 种不同的物体(这次你可以转动头部),然后说出这些东西的名称和看到它们的先后顺序。这种锻炼可以使你的注意力更灵活。

62. 为了使你眼里的世界重新清楚起来要进行:

A. 扫视房间

B. 打扫房间

C. "看报运动"

D. 头部不动

63. 保持头部不动,把目光左右移动的运动对眼睛的好处是:

A. 改善外围知觉

B. 看得更明白

C. 看得更快

D. 看得更远

64. 在多长时间内扫视房间里的 10 种不同物体,然后说出来,可以使注意力更灵活?

A. 20 秒

B. 10 分

C. 10 秒

D. 2 分

65—69

中国书法成为一种独特的艺术,和使用的工具有直接关系。笔、墨、纸、砚是中国书法的独特工具,人们把这四种工具叫做"文房四宝"。

笔,就是毛笔,是书写汉字的主要工具。中国很早就有毛笔了,据说新石器时期彩陶上的花纹和图画,就是用毛笔画的。商代甲骨文也是先用毛笔写好后再用刀刻。常见的毛笔笔头是羊毫和狼毫。羊毫较软,适宜写大字;狼毫较硬,适宜写小字。好的毛笔,笔头尖,笔毛柔软有弹性,能写出粗细、刚柔、浓淡、干湿等不同的线条来。中国最好的毛笔是浙江省湖州制作的,这就是著名的"湖笔"。

墨,就是书写汉字的颜料,黑色,一般为长方块形。墨的发明也很早,甲骨文中就有用墨书写的字。好墨颜色黑而有光泽,写出的字永远不掉色。安徽省徽州生产的"徽墨"名气最大。

纸,是书写汉字的重要材料。纸的种类很多,最好的是宣纸,宣纸吸墨,能表现书法的韵味。宣纸是安徽省宣城的特产,已经有

1800年的历史,所以在各种宣纸中,"徽宣"最受欢迎。

砚,俗称砚台,是磨墨的工具,砚台的历史也很久远。砚台有石砚、陶砚、玉砚、瓷砚多种,现在最常用的是石砚。在石砚中,最有名的是广东省肇庆生产的"端砚"。

65. 人们把笔、墨、纸、砚称作:

A. 文房四宝

B. 独特艺术

C. 重要材料

D. 文化用品

66. 画线部分的意思是:

A. 好毛笔怎么制作

B. 好毛笔的特性和用途

C. 好毛笔产在哪儿

D. 在哪儿能买到好毛笔

67. 墨的颜色是:

A. 蓝色

B. 灰色

C. 黑色

D. 紫色

68. 宣纸除了吸墨以外,还有什么好处?

A. 颜色好看

B. 表现书法的韵味

C. 价钱便宜

D. 容易买到

69. 砚台的用处是:

A. 画画儿

B. 放水

C. 磨墨

D. 装饰

70—74

随着现代都市人生活的变化,邻里关系出现了一些新情况。许多人慨叹:过去的那种"亲帮亲,邻帮邻,左邻右舍一家人"的邻里交往成了美好的回忆。果真如此吗? 我对4个居民区的150户作了串门访问,结果是:这150户白天全关大门,每户不论大人小孩人人都有门钥匙;认识邻居并有来往的有52户,根本不认识邻居、互不往来的有34户,其余60户认识邻居,但不知姓名,只是平日见面点点头而已,有4户邻居竟如仇家。居委会主任陈大姐说:"如今邻里间的关系,感情是疏了,淡了……"

情况为什么会这样呢? 带着这个问题,我和一些居民深入地聊了聊。

不少居民认为,现在都市里人们的生活节奏加快了,都是急匆匆地赶这赶那,没有时间和左邻右舍接触,况且,邻里与自己没有什么直接关系,疏远也是必然的。有的人说,大家生活都好了,不需要借这借那,有事打个电话就解决了,何必麻烦邻居? 有的人觉得,多一事不如少一事,还是个人自扫门前雪好,免得惹是生非。还有人认为,时代不同了,现在年轻人当家,年轻人大都重朋友轻邻里,不把邻居放在眼里。有相当一部分居民说,现今社会治安情况让人不放心,这也是常常房门紧锁的一个重要原因。一些居民认为,为了保护个人的隐私,过去那种邻居"亲如一家,不分彼此","互通有无,取长补短"的亲热情景,已经不受人欢迎了……

邻里间互敬互爱、互相帮助、和睦团结的良好风尚,无疑是加强都市精神文明建设的重要内容之一。家庭是社会的细胞,而"细胞"不能孤立存在。应如何看待邻里之间的关系,都市的种种建设能不能离开互相沟通与帮助,邻里关系的疏远、平淡及至紧张是不是正常现象,这些问题值得好好研究。

70. 邻里关系出现新情况后,许多人:
   A. 轻视
   B. 慨叹
   C. 重视
   D. 询问

71. "我"对 4 个居民区的 150 户居民进行了:
   A. 开会讨论
   B. 调查研究
   C. 串门走访
   D. 说明解释

72. 相当一部分居民认为现今社会的治安情况:
   A. 非常安定
   B. 没有偷盗
   C. 不必关门
   D. 让人不放心

73. 过去那种"亲如一家,不分彼此"的亲热情景,现在不受人欢迎的主要原因是:
   A. 怕引起麻烦
   B. 为了保护个人隐私
   C. 不愿意聊天
   D. 感情太疏远

74. 画线部分的意思是:
   A. 每个人都要去扫雪
   B. 不要多做事
   C. 不要给别人添麻烦
   D. 少接触,就不会惹事

75—80

梅,二十三岁,青春靓丽,大学毕业,风华正茂。

小城的暑热使得梅等待分配的心情又焦急几分,可一连几天梅浑身燥热得让父母生出几分不安。

父母陪梅去省城的医院,挂专家门诊。

几位白发苍苍的老教授在经过周密的反复会诊后,只有摇头叹息,父母心碎了,梅心碎了。

经过一段晦暗的日子,梅的心情渐渐开朗。梅知道自己的日子不会长久,她说服父母,放弃了分配的工作。不多的时间供梅选择的方式很多,然而梅要做流星、做昙花,留下耀眼的光、芬芳的香。梅要让自己的时间美丽温馨。

用父母筹集来给她治病的钱,梅在幽静的小巷开了家花店,取名"勿忘我"。花店很雅致,像梅一样文静。花店很美丽,红玫瑰、勿忘我、郁金香等各类鲜花都翠艳欲滴。花店也很特别,开张的时候,梅就贴出告示:花店每天的收入都将接济一位身陷困境的人。

一段日子后,花店的生意很好,可梅又愁了,她兑现不了自己的诺言,没人愿意上门接受她的帮助。梅想:如果明天还没有人愿意接受我的帮助的话,我就不再活了。

第二天很晚了,梅正准备依依不舍地告别她的花店,从外面走进一个年轻人,小伙子年龄和梅相仿。

"先生,买花吗?"梅问。

"不,我想请你帮助的。"小伙子急切地说,"我需要很多的钱来挽救我的生命,因为我有许多有意义的事要做。"

梅静静地听完小伙子的叙述,知道小伙子正从事着一种冲击世界水平的科技研究,但他却得了绝症,家庭一贫如洗,父母无力救他,每天吃药打针需要很多钱,他没有时间挣钱。梅很激动,把开张以来花店赚的所有的钱都给了他,并叮嘱他以后每天来取,直到他不需要的时候。

以后的日子,梅开店更加勤奋了,花店也更加红火了。那个小伙子每天都在梅关门结账的时候来取钱,并且报告他最新的研究进度。这样的日子大概过了五六年。有一天,梅突然想起自己早过了医学权威给她判下的日子。

这天又到关门时分,小伙子准时来了。梅刚要把一天的收入交给他,他却拿起了一束勿忘我献给梅:"梅,祝贺我吧！我创造了用爱心拯救生命的奇迹！"

梅很疑惑。

"听我讲一个美丽的谎言吧！"小伙子说。梅静静地听完,泪珠簌然而下,把那束勿忘我紧紧拥在胸前。

梅和小伙子结婚那天,花店收到从一个贫困地区希望小学寄来的几百枝勿忘我,花很灿烂,也很顽强。梅和丈夫把它赠送给这一天光顾花店的每一个人。

75. 梅的学历是:

A. 大专毕业

B. 大学毕业

C. 自学成才

D. 中专毕业

76. 梅开了一家花店,名字叫:

A. 勿忘我

B. 红玫瑰

C. 郁金香

D. 蝴蝶兰

77. 过了一段日子后,梅又愁了的原因是:

A. 自己的身体越来越坏

B. 花店的花没人买

C. 兑现不了自己的诺言

D. 花店赚的钱太少

78. 小伙子告诉梅他得了绝症,原因是:

A. 需要得到梅的帮助

B. 创造用爱心拯救生命的奇迹

C. 想要钱进行科学研究

D. 想让梅更努力地工作

79. 那个小伙子每天到花店来取钱的时间是:

A. 梅关门结账的时候

B. 梅吃晚饭的时候

C. 花店开张的时候

D. 科技研究成功的时候

80. 这篇文章告诉我们,梅和小伙子两个人都是:

A. 很有钱的人

B. 很能干的人

C. 助人为乐的人

D. 很贫穷的人

三、综合表达

（40题，40分钟）

第 一 部 分

> 说明：81—90题，每段话都画出了 **ABCD** 四个部分，请挑出有错误的一部分，在答卷的字母上画一横道。

81. 在以往经验，春运一般是从春节的前
    <u>A</u>   <u>B</u>
    一个星期开始，而这次高峰期却提前
                <u>C</u>
    到来了，使运输部门的工作人员顿时
                        <u>D</u>
    紧张起来了。

82. 许多人已经明白到，我们只有一个地
    <u>A</u>   <u>B</u>
    球，只有有限的资源，许多资源是不可
                        <u>C</u>
    以更新或者是难以替代的。
            <u>D</u>

83. 这两天考试很紧张，一点儿空闲的时
    <u>A</u>   <u>B</u>
    间也没有。偏偏这个时候，一个三年
                <u>C</u>
    没见面的朋友来宿舍找我，他看我太
    忙，把带给我的东西放就走了。
                <u>D</u>

84. 这个月，单位正在进行机构调整，如何
    <u>A</u>

进行调整？绝大多数人的意见比较一
        <u>B</u>
致。只有第一教研室的李小伟和大家
                <u>C</u>
的意见相反，而我完全基本上同意李
                        <u>D</u>
小伟的意见。

85. 我们正处在科技飞速发展的时代，
    <u>A</u>
    在今后10到15年内，机器人将会像个
                <u>B</u>
    人电脑和手机普及，人性化机器人的潜
                        <u>D</u>
    力有可能会被全部开发出来。

86. 我觉得作为男性来说，基本上事业心
    <u>A</u>   <u>B</u>
    是最重要的。当然，在今后的家庭生
                        <u>C</u>
    活中，也不能只顾事业，其他什么都不
        <u>D</u>
    顾。

＃ 3 · 3 · 3 · 3 · 3

87. 长句子是不可能一口气说完或读完
                A
的，从而，生理上也需要换气，这样就
    B
要把句子分成数个音段，中间有短暂
        C   **D**
间歇。

88. 当听到宇宙飞船上天的消息后，全体
              A
官兵始终不渝地流下了眼泪，为了这
          B
一天的到来，他们多少个昼夜废寝忘
    C   **D**
食坚守在自己的岗位上。

89. 世界上最具有经济活力的亚洲地区与
            A
世界上最大的贸易集团欧盟之间，正
在形成一种新型伙伴关系，它植根于
         B
历史渊源，顺应着时代大潮，掀开了历
      C
史新的一张。
   D

90. 由此我想到能够有幸做一个有作为、
         A
有造诣的孩子的父母，一旦是桩人生
         B
得意之事。但在亲情的满足上，在天
        C
伦之乐的渴望中，肯定要比寻常父母
        D
付出多得多的代价。

第 二 部 分

说明:91—100题，每段话中有 3—5 个空儿，请根据语境要求在 A、B、C、D 四组答案中，选择一组最恰当的答案，在答卷的字母上画一横道。

91. 小时侯，每个人都有_____的梦想，可是他们会被一天天_____的岁月和现实_____得黯然无光。其实梦想_____梦想，不需要多大，不需要多辉煌。
A. 快快乐乐　留住　擦　也是
B. 生动活泼　变化　练　才是
C. 闪闪发光　流逝　磨　就是
D. 生龙活虎　失去　炼　只是

92. 在学校，教授_____不和她说话，只用斜眼看她。她非常痛苦，可又不能半途_____学业，所以只有在教授_____的眼光中，每天_____于课堂和工作之间。
A. 从来　浪费　重视　踏步
B. 看来　停止　歧视　前进
C. 以来　荒废　反对　走向
D. 从来　荒废　歧视　奔波

76

93. 目前,有一种错误观念在国内理论界和实践部门_____流传,认为在当前全球经济竞争日益_____的形势之下,我国应该主要_____资金密集、技术尖端、规模_____的企业和企业集团,只有这样才有实力_____国际竞争。

　　A. 广为　　激烈　　发展　　巨大　　参与
　　B. 极力　　热烈　　开展　　伟大　　加入
　　C. 大量　　扩大　　增加　　宏大　　参加
　　D. 不断　　猛烈　　发挥　　雄伟　　进行

94. 这种观念_____上是有悖于我国国情的,是赶超战略的思想在新发展_____里的表现。事实上一个国家产业的竞争力_____于其产品的成本水平,成本越低竞争力越_____。

　　A. 基本　　阶层　　决定　　小
　　B. 情况　　现状　　产生　　快
　　C. 实际　　阶段　　取决　　强
　　D. 根本　　时期　　相对　　好

95. _____要感谢家人对我的理解和支持,在我最困难的时候,他们_____坚定地站在我的身后,让我有_____的勇气去_____磨难和挑战。

　　A. 虽然　　总是　　充分　　争取
　　B. 固然　　却是　　完全　　对抗
　　C. 当然　　总是　　足够　　面对
　　D. 然而　　确实　　很多　　不怕

96. 当颁奖嘉宾_____"网络小姐"头奖的奖杯和一_____鲜花一起放到我手里时,我从轮椅上站了_____……那一瞬间,周围镁光灯频频_____,等待着_____新一轮阳光的洗礼。

　　A. 把　　棵　　下来　　亮了　　接待
　　B. 将　　束　　起来　　闪起　　接受

　　C. 为　　堆　　下去　　照亮　　进行
　　D. 以　　把　　上来　　出现　　参加

97. 对社会_____,书店的存在,_____不只是缴税和解决就业问题,它为文化传播所_____的便利、它自身风格和态度的影响力,_____为群众整体的进步负起力所能及的责任。

　　A. 说起　　既然　　担负　　当然
　　B. 来说　　明显　　提出　　简直
　　C. 而言　　显然　　提供　　应当
　　D. 谈起　　索性　　产生　　正在

98. 非主流文化_____有其自身存在的空间和氛围,在一定的、不被多数人认可的_____内产生影响并有所发展,这就_____有一个这样的环境。

　　A. 可能　　条件　　还要
　　B. 大概　　情况　　总是
　　C. 全都　　基础　　值得
　　D. 需要　　范围　　必须

99. 在姜昆心里,妻子的心是玻璃做的,透明,不管心里高兴_____生气,都_____。至于说特点,那_____爱憎分明,爱就爱他个_____,恨就恨他个人仰马翻。

　　A. 并　　一目了然　　才是　　翻来覆去
　　B. 而且　　不约而同　　可是　　可想而知
　　C. 也是　　无缘无故　　就是　　津津有味
　　D. 还是　　一目了然　　就是　　天翻地覆

100. 其实,_____改革开放的进一步发展,观众欣赏选择的余地_____越来越大。实际上演出市场_____电影、电视市场观众已_____形成群体化,我相信热爱文学热爱戏剧的人_____不会在这个时期突然消失无踪。

A．随着　也　或者　逐渐　肯定　　　C．随着　却　然后　曾经　难道

B．跟着　还　与其　比较　早已　　　D．按照　就　以及　恰好　从而

第 三 部 分

说明：101—110 题，每题都有 **ABCD** 四个语句，请按一定的顺序将四个语句排列成一段话，然后在答卷上按排定的顺序写下四个字母。例如：

105．A．往往就是思想丰富多彩的反映

B．一个思想僵化、粗枝大叶的人

C．可见语言的丰富多彩

D．很难写出生动、严谨周密的文章来

105 题的正确答案应该是 BDCA，请在答卷上找到号码 105，在 105 后面的横线上按顺序写上 **BDCA**：

105

[A]

[B] B　　D　　C　　A

101．A．是一套复式住宅

B．和那套复式住宅相比算是豪宅了

C．我们在北京的时候，住在机场附近

D．后来，在丽都饭店附近又买了一套住宅

102．A．还应采取调整机体、增强体质的措施

B．对于明显由全身疾病引起的牙周萎缩的患者

C．这样，才能加强牙周组织的抵抗力，提高牙周组织的新生能力

D．除了治疗全身疾病及口腔的局部治疗外

103．A．意志消沉时借酒浇愁只会浪费你的金钱和精力

B．尝一尝心情随股市起起落落的滋味

C．这种滋味也许能培养你豁达开阔的心胸，改变你患得患失的种种焦虑

D．还不如买几种股票

104．A．到能够成篇时再整理出来

B．在没人时，把心中的不满情绪大声说出来

C．说不定是一部很不错的作品

D．并且一定要用笔记在纸上

105．A．把看不见的大罐笼送入深深的井下

B．他看到了竖井高大的井架

C．刘欣呆呆地看着这度过了他童年和少年时代的矿山

78

D. 井架顶端巨大的卷扬轮正转动着

106. A. 将建筑物内的监控系统、管理服务系统、通讯网络系统等统一起来
   B. 就是运用计算机技术、通讯网络技术和自动化技术
   C. 使办公大楼能够提供良好的生活条件和高效的工作条件
   D. 所谓的智能大厦

107. A. 也喜欢看一些自己所钟爱的书刊杂志来放松自己
   B. 由于学的是中文专业
   C. 《科幻世界》就是其中之一
   D. 因此,总喜欢在工作的闲暇之余写写画画

108. A. 但是在郊区的一座比较偏僻的大桥上

B. 现在是深夜 12 点了,路上已经没有行人
C. 已经有很长时间了
D. 却有一个人斜靠在大桥的护栏上

109. A. 人们纷纷脱下外衣罩在头上
   B. 大厅内的温度开始急剧下降
   C. 徒劳地抵挡着头上四处喷洒的冰冷水流
   D. 不久整个大厅就变得像一个大冰窖

110. A. 但建筑物过于灵活,不对称或设计古怪
   B. 就会造成灾难性的损毁
   C. 如建筑物过于死板或与地面运动发生共振
   D. 也会有同样的遭遇

第 四 部 分

说明:111—120 题,每段文章中都有若干个空儿,空儿中标有题目序号,请根据文章内容,在答卷的空格中填上最恰当的汉字。共 10 个空儿。

111—114

西藏的条件非常[111]苦,从西藏进入新疆,正赶上瓜果[112]香的好季节。水果非常便宜,论公斤卖,比吃饭合[113]。

114—116

如果你[114]怒,你可以选择一个横眉[115]目的脸谱发过去,心情好时,则可以选[116]哈哈大笑的卡通形象。

117—120

我虽然没有搞过音乐,但我还是能够想象到他们的[117]态。比较而言,我们对市场的把[118]要远远[119]色于他们,我十分钦佩他们的洞[120]力。

答 题 纸

1 1 1	2 2 2 2		
1[A][B][C][D]	41 [A] [B]_____	42 [A] [B]_____	43 [A] [B]_____
2[A][B][C][D]			
3[A][B][C][D]	44 [A] [B]_____	45 [A] [B]_____	46 [A] [B]_____
4[A][B][C][D]			
5[A][B][C][D]	47 [A] [B]_____	48 [A] [B]_____	49 [A] [B]_____
6[A][B][C][D]			
7[A][B][C][D]	50 [A] [B]_____	51 [A] [B]_____	52 [A] [B]_____
8[A][B][C][D]			
9[A][B][C][D]	53 [A] [B]_____	54 [A] [B]_____	55 [A] [B]_____
10[A][B][C][D]			
11[A][B][C][D]			

56 [A][B][C][D]　57 [A][B][C][D]　58 [A][B][C][D]　59 [A][B][C][D]　60 [A][B][C][D]

61 [A][B][C][D]　62 [A][B][C][D]　63 [A][B][C][D]　64 [A][B][C][D]　65 [A][B][C][D]

66 [A][B][C][D]　67 [A][B][C][D]　68 [A][B][C][D]　69 [A][B][C][D]　70 [A][B][C][D]

71 [A][B][C][D]　72 [A][B][C][D]　73 [A][B][C][D]　74 [A][B][C][D]　75 [A][B][C][D]

76 [A][B][C][D]　77 [A][B][C][D]　78 [A][B][C][D]　79 [A][B][C][D]　80 [A][B][C][D]

3   3   3   3

81 [A][B][C][D]　82 [A][B][C][D]　83 [A][B][C][D]　84 [A][B][C][D]　85 [A][B][C][D]

86 [A][B][C][D]　87 [A][B][C][D]　88 [A][B][C][D]　89 [A][B][C][D]　90 [A][B][C][D]

91 [A][B][C][D]　92 [A][B][C][D]　93 [A][B][C][D]　94 [A][B][C][D]　95 [A][B][C][D]

96 [A][B][C][D]　97 [A][B][C][D]　98 [A][B][C][D]　99 [A][B][C][D]　100 [A][B][C][D]

101　　102　　103　　104　　105
[A]_____　[A]_____　[A]_____　[A]_____　[A]_____
[B]_____　[B]_____　[B]_____　[B]_____　[B]_____

106　　107　　108　　109　　110
[A]_____　[A]_____　[A]_____　[A]_____　[A]_____
[B]_____　[B]_____　[B]_____　[B]_____　[B]_____

111 [A][B]　112 [A][B]　113 [A][B]　114 [A][B]　115 [A][B]
□　　□　　□　　□　　□

116 [A][B]　117 [A][B]　118 [A][B]　119 [A][B]　120 [A][B]
□　　□　　□　　□　　□

(左栏续)
12[A][B][C][D]　13[A][B][C][D]　14[A][B][C][D]　15[A][B][C][D]　16[A][B][C][D]
17[A][B][C][D]　18[A][B][C][D]　19[A][B][C][D]　20[A][B][C][D]　21[A][B][C][D]
22[A][B][C][D]　23[A][B][C][D]　24[A][B][C][D]　25[A][B][C][D]　26[A][B][C][D]
27[A][B][C][D]　28[A][B][C][D]　29[A][B][C][D]　30[A][B][C][D]　31[A][B][C][D]
32[A][B][C][D]　33[A][B][C][D]　34[A][B][C][D]　35[A][B][C][D]　36[A][B][C][D]
37[A][B][C][D]　38[A][B][C][D]　39[A][B][C][D]　40[A][B][C][D]

听力理解录音材料

第 一 部 分

1—4

已经结束的第一次亚欧会议把经济发展选为最优先的课题,使亚欧平等合作展现了新的广阔前景。世界上最具经济活力的亚洲地区与世界上最大的贸易集团欧盟之间,正在形成一种新型伙伴关系,它植根于历史渊源,顺应着时代大潮,掀开了历史新的一页。

欧洲国家在摆脱了 90 年代以来面临的经济困难之后,正探索着新的发展出路。挪威首相布伦特兰夫人认为:"19 世纪是欧洲时代,20 世纪是北美时代,21 世纪将是东亚时代。如果不明白这一点,欧洲就会犯愚蠢的错误。应该赶上亚洲这趟列车。"

亚洲,特别是东亚经济近年来的迅速崛起,是引起西方发达国家关注的重要原因。经合组织的报告预测,在今后 10 年内,全世界经济增长的 1/3 将在亚洲实现。短短几年时间,欧洲已成为亚洲的第三大市场,亚洲同欧盟的贸易额已超过欧美之间的贸易额。

在欧洲人看来,亚洲是当今世界经济竞争最激烈的地方,回避在这里的较量绝对是不智之举。欧洲委员会负责人曾表示:"只要欧洲企业不扩大对亚洲的投资,不频繁地开展经济活动,就难以在经济和技术革新方面领先。亚洲是掌握未来繁荣的关键地区。"

亚洲以自身经济实力的增强,赢得了不容低估的国际地位。但要保持这种势头,需要有利的外部环境。亚欧两个地区的经济活力和多样性,带来了彼此加深合作的巨大潜力,两大洲维持较为开放的经济联系于双方都有利。

亚欧合作的宏旨,在于促进亚洲的广阔市场和发展潜力与欧洲的雄厚资金和先进技术的结合,它会带动双方经济的繁荣。铺设未来的亚欧金桥,虽不如 2000 多年前开辟丝绸之路那般艰辛,却需要人们运用更多的智慧,拿出更大的勇气。

1. 第一次亚欧会议把什么选为最优先的课题?
2. 亚洲,引起西方发达国家关注的重要原因是什么?
3. 两大洲维持较为开放的经济联系对双方怎么样?
4. 文章中的"铺设亚欧金桥"是什么意思?

5—8

神话是关于神仙或神化的古代英雄的传说。神话产生在人类的童年时代。远古时期,人们很想认识自然、改造自然,但是由于当时的物质条件很差,人们的认识能力又很低,所以只能靠想象,靠神奇的形象对自然界和社会生活作出一种天真的解释,并用来表达自己美好的愿望,这样,神话就产生了。世界上很多民族都有神话传说,像古代希腊神话、古代印度神话都是很有名的。

中国古代神话源远流长。在文字产生以前,很多神话就广泛地在人们口头上流传,神话的作者就是广大的劳动人民。

中国古代没有专门记载神话的书籍,远古时期的神话只是零散地写在一些古书中,这些古书主要有《山海经》、《淮南子》、《楚辞》等。中国古代神话是很丰富的,神话中的形象,大多是舍己为人、追求幸福、自强不息的远古英雄。

5. 神话产生在人类的什么时代?

6. 世界上什么民族的神话有名?

7. 神话的作者是谁?

8. 中国的古代神话的数量怎么样?

9—10

音乐厅举办的为希望工程募捐义演的音乐会正在进行。全场座无虚席,一大批观众买的是站票。三百多位艺术家参加义演,分文不收。优美的歌声回荡在大厅里,场内不时爆发出热烈的掌声。

为什么会有如此众多的人参加义演、观看演出呢?原来在音乐会举办的前两天,记者在报上刊出了《帮帮这些孩子们》的文章,文章报道了边远地区的许多儿童因贫困而失学的情况,希望引起社会的关注;同时刊出了为希望工程募捐举办义演的消息。

这篇报道见报后,编辑部不断接到读者的来信和打来的电话,纷纷表示要捐款、捐物,帮助这些失学的贫困学生。

9. 音乐厅举办的音乐会有多少观众?

10. 这篇报道见报后,反响如何?

11—12

现在我们老家的农民,生活富裕后,就想改变平平淡淡的生活,于是大家集资建了个舞厅,没事的时候娱乐娱乐。起初,不管别人怎么劝父亲去学跳舞,他都不去,说:"我这老胳臂老腿的还学跳舞,还不让人笑掉了牙!""人家能学会,你怎么就学不会?"别人这样鼓励他。就这样,父亲进了舞厅。他不但自己跳,还教新来的人,成了一个真正的舞迷。开始时妹妹还表示理解,认为父亲活动活动身子也好。时间一长,便对父亲有看法了,担心地对母亲说:"你看他整天往舞厅跑,会不会有了第三者? 你看他,又带领带,又擦皮鞋,每天早上照镜子的次数比我还多。"母亲一听,坐不住了,急忙给我写信让我劝劝父亲,再不要去跳舞了。

11. 老家的农民想改变过去什么样的生活?

12. 妹妹后来为什么对父亲有看法了?

13—14

男:今天是周末,我们去租几盘录像带,看个通宵怎么样?

女:太好了,我们想到一块去了。可是借什么带子呢?

男:借几盘惊险的、恐怖的,上次我们看的那盘多刺激!

女:是够刺激的,吓得我好几天晚上老是做恶梦。我们能不能借点儿轻松的? 比如浪漫的爱情片、好玩儿的动画片什么的。

男:你这个人怎么这么没劲。看来我们两个是看不到一块了,真是白菜、豆腐各有所好。

13. 男的想借什么样的录像带?

14. 他们两个人为什么没在一块儿看录像?

15—18

女儿：今天打"的"时,遇到一个出租司机。那司机可真不错,主动把失主落在车上的手机想方设法还给了人家,失主想给他一些钱,作为报答,他却不要,够难得的。我要是那个丢东西的人,也会给他些钱意思意思。爸爸,你说呢?

父亲：不对,不对。什么叫"拾金不昧"?就是捡到钱、物自己不要。这是一种高尚的行为。如果给他回报,那不是小看人家了吗?好象人家是为了回报才还给他东西的。

女儿：拾金不昧当然是高尚行为,可人家为了找到丢东西的人,花了那么多时间,费了那么多周折,只说一声"谢谢"就完了?

父亲：可以写封感谢信嘛。

女儿：那只是精神上的,还得有物质上的。"滴水之恩当涌泉相报",再说你给人家的也只是一小部分呀。

父亲：就算失主想表示一下,"拾金"者也不应该要。

15．"意思意思"是什么意思?

16．爸爸认为司机应不应该要失主的钱?

17．爸爸认为失主应该怎样感谢司机?

18．"滴水之恩当涌泉相报"是什么意思?

19—21

小张：嘿,小张,好久没露面了,你去哪儿了?

小刘：我去广东找工作了。

小张：怎么样,有收获吗?

小刘：还算有收获吧。不过,找工作的滋味可真不好受,酸甜苦辣你都会遇到。

小张：你是怎么得到信息的? 是朋友推荐,还是靠招聘广告?

小刘：我看网上的招聘广告,有适合我的就去应聘。开始时,我没有经验,所以总是碰壁,好几次,都是竹篮打水一场空。特别是面试时,我心里特紧张,觉得浑身不自在。

小张：咳! 你这样想完全没有必要。你有这么好的条件,什么样的工作找不到? 我看那些老板真是有眼不识泰山。

19．小张去做什么了?

20．开始应聘时情况怎么样?

21．"有眼不识泰山"是什么意思?

22—25

王师傅：这个星期特累,星期六按理说应该在家好好休息,可是有几个朋友邀我去郊外野游,我不好意思推迟,只好答应了他们。我开车拉着他们,一大早就兴致勃勃地出发了。

杜师傅：我真羡慕你们,你们的运气不错。那天天气不冷不热,又没有风。

王师傅：那天,天公倒是作美。可是车开出去不到五公里,就在半路上抛锚了。我们费了九牛二虎的劲也没把车修好,只好把车推到了加油站请人修,在加油站等了一上午,计划全泡汤了。

杜师傅：那就赶快回来吧，别再耽误时间了。

王师傅：是呀。我一上车就踩足了油门，快马加鞭往回赶。没走几步，半路上突然杀出了一个程咬金，把车拦住了。

杜师傅：怎么了，出车祸了？

王师傅：不是，是超速，警察要罚款。你说倒霉不倒霉！

杜师傅：真是祸不单行啊！

22. 这个星期六他们去哪儿了？

23. 开出去不到五公里时，车怎么了？

24. 怎么把车修好了？

25. 警察为什么要罚他们的款？

第 二 部 分

26—30

刘丽应：老师，您现在的打扮可比二十年前漂亮多了。我记得那时人们的衣服颜色大都是黑、绿、蓝、灰几种，连姑娘们的衣服都很少有鲜艳的。现在可是大变样了，什么款式、花色的都有，西装呀，牛仔裤呀，连衣裙呀，还有不少人穿名牌，挺时髦的。

许老师：时代不同了。那时人们穿衣服朴素是最重要的，"奇装异服"可不行。这既有经济原因，也有观念问题。改革开放以后，生活富裕了，观念更新了，穿衣服也自然讲究起来。

刘丽应："人是衣服马是鞍"嘛，在我们老家，中老年人比青年人更注重穿衣打扮。

许老师：中老年人穿戴、打扮得漂亮一些，就显得年轻，要不就显得老态龙钟。不过穿着上还是青年人更讲究，他们更看中名牌。人家穿名牌，自己不穿，就好像比人家矮了半截。

刘丽应：这就是一种观念，有人认为：服装显示一个人的地位、身份。有些高档时装店专门经销名牌时装，价格低则数百元，高则数千，甚至上万元。就这样，也有一些人买。

许老师：我认识一部分青年人的看法就不一样，他们爱买价钱便宜的普通服装。他们说："穿衣服也就图个新鲜，多买几件衣裳，轮换着穿，不喜欢穿了就扔，也不可惜。"

26. 二十年前人们的衣服大都是什么颜色？

27. 那时人们穿朴素衣服，既有经济原因，还有什么原因？

28. "人是衣服马是鞍"是什么意思？

29. 有些讲究的青年人穿衣服更重视什么？

30. 有一部分青年人爱买什么样的衣服？

31—35

李宁:小张,你看过最近报纸的报道吗?一些专家对我国同名同姓的问题展开了讨论,很有意思。

张彬:是呀,我也很注意这些报道。我国汉族有 10 多亿人口,可大约只有 3000 个姓氏,而且大多数都集中在几十个大姓上,所以同名同姓的特别多,据说在北京市,叫王淑珍的就有 13000 多个,叫张淑珍的有 11000 多个,叫王淑英的有 12000 多个……

李宁:同名同姓给许多部门的工作带来不必要的麻烦,例如某市公安局要抓一名叫萧军的犯罪嫌疑人,可同一条街上却住着四个名叫"萧军"的人,公安人员抓住的那个"萧军"并不是真正的罪犯。他们一连找到三个萧军都跟本案无关,而地道的罪犯早已得到消息,悄悄溜走了。更糟糕的是第一个被抓错的萧军当时正准备结婚,他的未婚妻一听说爱人是罪犯,竟服毒自杀了,幸亏抢救及时,否则后果难以想象。

张彬:我也听说过:有的医院因为发错了药,差点没闹出人命;有的银行因此发错了钱;甚至有个别人利用同名同姓到处骗钱,不仅给国家财产造成了巨大损失,而且给好人的名誉带来了很大的伤害。

李宁:同名同姓闹出了不少笑话,我自己就是例子。大家都知道,我国有个体操王子也叫李宁,他不仅名扬天下,而且市场上还有很多用他名字命名的运动服、运动鞋什么的,可了不起了!一次,跟一位初次相识的朋友见面,我很自然地递过一张名片。你猜对方怎么说?"哇,大名鼎鼎,世界冠军!"弄得我真不好意思!连忙解释:"同名同姓!同名同姓!"

张彬:看来同名同姓的问题还真不少,这种情况不应再继续下去了,应该想办法改变。

31. 最近一些专家对我国什么问题进行了讨论?

32. 中国大约有多少个姓氏?

33. 同名同姓给许多部门的工作带来了什么?

34. 什么东西是以李宁的名字命名的?

35. 同名同姓的情况应该怎么办?

36—40

问:大夫,我想问您一个问题:真假性近视怎样辨别呢?

答:假性近视,即调节性近视,是功能性近视。真性近视,即轴性近视,为器质性近视。假性近视的表现和真性近视一样,看远物模糊,近物清楚。假性近视阶段,如能注意视力卫生,及适当治疗,有希望恢复正常视力。如已发展为真性近视则应佩戴合适的眼镜。

问:带近视眼镜会越带越深吗?

答:这种说法是无科学根据的。凡确诊为近视,应佩戴合适的眼镜,近视 200 度以下者,可上课和读写才戴。否则不仅因视力不佳而产生种种不便和误差,且因眼睛肌肉过度用力促使眼前后轴变得更长,近视程度反而加深加快。因此戴上合适眼镜,并养成正确的用眼习惯,对近视只有好处而没有坏处。

问:常看电视对眼睛有影响吗?

答:从电视荧光屏上发出的光线,一般对人眼并没有直接的伤害。但如收看时屏幕图像不清、时间连续过长、或周围光线和距离不合适,则会使眼睛疲劳,从而发生假性近视并演变为真性近视。此外,收看电视往往在暗光下,此时,主要依靠视网膜的圆柱细胞,收看时间过长,也会损害视力。

36．"我"向大夫提出了什么问题?

37．戴近视眼镜会越来越深的说法有科学根据吗?

38．近视 200 度以下者,在什么情况下可以戴眼镜?

39．眼睛近视的人除了戴上合适的眼镜外,还要怎么做?

40．收看电视时间过长,会对眼睛怎么样?

参 考 答 案

一、听力理解

1. D	2. A	3. B	4. B
5. B	6. C	7. C	8. D
9. B	10. D	11. B	12. B
13. B	14. D	15. B	16. A
17. D	18. A	19. C	20. B
21. C	22. A	23. D	24. C
25. D	26. B	27. D	28. B
29. C	30. A	31. B	32. C
33. D	34. C	35. A	36. C
37. B	38. D	39. B	40. C

二、阅读理解

41. 消费者的观点	42. 政府看市场	43. 跑街先生
44. 数万条	45. 正确的市场定位能力	46. 最直接的影响
47. 改造、发展、创新	48. 获得成功	49. 发生恐惧、沮丧、失望
50. 两种	51. 寄畅园	52. 差异很大
53. 诗情画意	54. 七次	55. 杰出的航海家

56. B	57. C	58. A	59. C
60. B	61. D	62. C	63. A
64. C	65. A	66. B	67. C
68. B	69. C	70. B	71. C
72. D	73. B	74. D	75. B
76. A	77. C	78. B	79. A
80. C			

三、综合表达

81. A	82. A	83. D	84. D
85. C	86. B	87. B	88. B
89. D	90. B	91. C	92. D
93. A	94. C	95. C	96. B
97. C	98. D	99. D	100. A
101. CADB	102. BDAC	103. ADBC	104. BDAC
105. CBDA	106. DBAC	107. BDAC	108. BADC
109. BACD	110. CBAD	111. 艰	112. 飘
113. 算	114. 愤	115. 竖	116. 择
117. 状	118. 握	119. 逊	120. 察

HSK

中国汉语水平考试

［高 等］

作文试卷

考试要求

1. 考试题目:《日记一则》

2. 书写要求:全部用汉字写(也可以用繁体字),每个空格写一个汉字。汉字书写要清楚工整。标点符号要正确,每个标点占一个空格。

3. 字数要求:400—600 字。

4. 书写格式:日记体。

5. 考试时间:30 分钟。

HSK
中国汉语水平考试
[高 等]
口试试卷

一、朗读:

　　一个春天的早晨,太阳把温柔的光芒洒在苏醒的大地上。一条小路的旁边,从土中钻出两株嫩绿可爱的小东西:一株是小草,一株是小树苗。小草在微风中抖掉身上的土,笑嘻嘻地对小树苗说:"好朋友,我们来比一比,看谁长得快,长得高,好不好?""好吧!"小树苗答道。

　　十几天过去了,小草已经长得几寸高了,可小树苗却依然只有三四片叶子。小草不禁得意地弯下腰,故作惊讶地对小树苗说:"哎呀呀!看你才长了多一点儿,还没有我的一半高呢!"小树苗却认真地说:"我必须先扎好根,只有根扎得深,才能经得起风吹雨打。"小草不屑一顾地哼了一声,心想:这个傻瓜,长什么根,谁会看得见;只有叶子长多了,个子长高了,人家才会夸你漂亮。

　　转眼,夏天来了。小草长得更高了,它随风舒展自己柔软的身子,洋洋得意地欣赏着自己优美的舞姿,还不时地用蔑视的目光瞥上一眼依旧在慢慢生长的小树苗。

　　没过多久,深秋到了。阵阵寒风吹来,小草冷得浑身打颤,它纤细的身子支持不住了,于是枯萎了。可小树苗却咬着牙,坚定地与冷风搏斗着。

　　不久,冬天来了,小树苗呢? 它没有倒下。第二年春天,又继续向下扎根,向上生长。小草一出土就拼命长,想赶上小树。可是,它的希望落空了,因为一到深秋,它又枯萎了。

　　就这样,几十年过去了。树苗已经长成了参天大树,可小草却依旧是那样矮小。过路的行人在大树下休息、乘凉,赞美着它的枝繁叶茂。这时,小草羞得抬不起头来。

二、回答问题
　　1. 你对小树苗和小草有什么看法?
　　2. 请谈一谈你们国家环境绿化的情况。

第四套模拟试题

一、听 力 理 解

(40题,约25分钟)

第 一 部 分

说明:1—25题,在这部分试题中,你将听到几段讲话或对话。每段话之后,你会听到若干个问题,每个问题都有四个书面答案,请你从中选择出唯一正确的答案。

例如,第8—9题,你听到:

女:李玉田的对象怎么样?

男:论人品,没的挑;论长相,不敢恭维。

女:他不是非要找个漂亮的吗?

男:这你就不懂了,这就叫"情人眼里出西施"啊!

第三个人根据这段对话提出两个问题:

8.李玉田想找个什么样的对象? 你会在试卷上看到四个答案:

　A. 人品好的

　B. 长相好的

　C. 不爱挑毛病的

　D. 喜欢恭维人的

根据对话,第8题唯一正确的答案是 **B**,你应在答卷上找到号码8,在字母 **B** 上画一横道:

8. [A]　　[🖦]　　[C]　　[D]

你又听到:

9.男的认为李玉田的对象长得怎么样? 你会在试卷上看到四个答案:

　A. 比较漂亮

　B. 胜过西施

　C. 不太漂亮

　D. 不敢公开

根据对话,第9题唯一正确的答案是 **C**,你应在答卷上找到号码9,在字母 **C** 上画一横道:

9. [A]　　[B]　　[🖦]　　[D]

1. A. 不同民族的文化
   B. 人民大众的文化
   C. 人类社会的文化
   D. 不同国家的文化

2. A. 做专
   B. 方便
   C. 服务好
   D. 开门早

3. A. 3 种
   B. 4 种
   C. 2 种
   D. 1 种

4. A. 素描
   B. 水墨画
   C. 图书
   D. 广告画

5. A. 百分之九十
   B. 百分之五十
   C. 百分之六十
   D. 百分之三十

6. A. 使人烦恼
   B. 助人健康
   C. 让人聪明
   D. 使人戒酒

7. A. 有安全感
   B. 变得美丽
   C. 变得干净
   D. 变得舒服

8. A. 海洋边
   B. 沙漠上
   C. 高山上
   D. 黄土里

9. A. 解饿
   B. 休息
   C. 解渴
   D. 舒适

10. A. 便宜的成本
    B. 高档原材料
    C. 廉价劳动力
    D. 消费者意见

11. A. 公司领导
    B. 一位妇女
    C. 电器商场
    D. 少年儿童

12. A. 凭主观办事
    B. 在屋里造车
    C. 在工厂买车
    D. 关起门做事

13. A. 包饺子
    B. 打电话
    C. 过春节
    D. 看电视

14. A. 吃年夜饭
    B. 吃团圆饺子
    C. 吃水果
    D. 吃包子

15. A. 买花送人
    B. 头上带花
    C. 好上加好
    D. 房里有花

16. A. 做饭的方式
    B. 吃饭的方式
    C. 生活方式
    D. 看电视的方式

95

17. A. 愁眉苦脸
    B. 嬉皮笑脸
    C. 不急不躁
    D. 平和稳重

18. A. 很好
    B. 不好
    C. 中间
    D. 很差

19. A. 很想谈
    B. 很在乎
    C. 很重视
    D. 不在意

20. A. 差不多二十
    B. 二十五六
    C. 二十七八
    D. 三十左右

21. A. 没时间
    B. 没钱

C. 找不到对象
D. 没房子

22. A. 练健美
    B. 学外语
    C. 挣钱
    D. 学技术

23. A. 消耗资源
    B. 包装讲究
    C. 垃圾太多
    D. 破坏自然

24. A. 300 年
    B. 200 年
    C. 100 年
    D. 500 年

25. A. 抬东西
    B. 无谓的争辩
    C. 抬木头
    D. 大家讨论

第 二 部 分

说明:26—40 题,请你听几段采访的实况录音。每段录音之后你将听到若干个问题,
每个问题都有四个供选择的书面答案,请你从四个答案中选择唯一正确的答案。

26. A. 学校给找
    B. 自己去找
    C. 国家包分配
    D. 家长给找

27. A. 有很少变化
    B. 有一点变化

C. 没有变化
D. 有很大变化

28. A. 待遇好的
    B. 收入高的
    C. 富于挑战性的
    D. 有发展前途的

29. A. 有资历
    B. 有志气
    C. 会说话
    D. 会开车

30. A. 竞争不激烈
    B. 优胜劣汰
    C. 没有竞争
    D. 容易找工作

31. A. 做生意
    B. 拉赞助
    C. 送材料
    D. 搞汇演

32. A. 希望工程
    B. 残疾人
    C. 公益事业
    D. 受灾群众

33. A. 慷慨解囊
    B. 大力相助
    C. 极力赞助
    D. 爱莫能助

34. A. 多少都可以
    B. 钱数比较多
    C. 数目比较大
    D. 全部经费

35. A. 不好意思
    B. 没有钱
    C. 很想赞助
    D. 鼎立相助

36. A. 嘲笑
    B. 批评
    C. 赞美
    D. 讽刺

37. A. 儿童时期
    B. 青春发育期
    C. 上学以后
    D. 四十岁以后

38. A. 颜色不好
    B. 样式不好
    C. 大小不合适
    D. 价钱太贵

39. A. 一直坚持
    B. 非常成功
    C. 前功尽弃
    D. 受益匪浅

40. A. 吃药
    B. 毅力
    C. 运动
    D. 医生

二、阅 读 理 解

(40题,40分钟)

第 一 部 分

(15题,15分钟)

> **说明**:41—55题,请你在5分钟之内,快速阅读几段文章,每段文章的后面有若干个问题,请根据文章的内容,用最简洁的文字回答问题。答案要用汉字书写,汉字要写在答卷的横线上。

41—44

黄河是中国的第二条大河。黄河发源于青海省巴颜喀拉山的北坡,经青海、四川、甘肃、宁夏、内蒙古、山西、陕西、河南、山东9个省、自治区,流入渤海,全长5464公里。从地图上看,黄河就像一条黄色的巨龙飞腾在中国的北方。

大家都知道黄河的水是黄色的。其实,在黄河上游,河水是很清澈的,黄河水变黄是在中游。中游地区是著名的黄土高原,奔腾的河水把大量的黄土冲刷到河里,加上夏天暴雨的冲刷,河水就变成黄色的泥流了。黄河每年要把大量泥沙带到下游,其中有4亿吨泥沙沉积在河底,时间一长,下游的河道就成为高出两岸平地的"地上河"。过去,凶猛的黄河水常常冲破堤岸,造成水灾。1949年以后,中国人民进行了大规模的治理开发黄河的工作。在下游加固黄河大堤,引水灌田;在上游造林种草,实现水土保持;在上中游建立大型水利枢纽和中小型水电站。今天,多灾多难的黄河已经发生了巨大

的变化,但是,治理黄河的工作仍然是很艰巨的。

黄河是中华民族的摇篮。滚滚东流的黄河带来了土地肥沃的平原、水草丰美的牧场,很适合农业和牧业生产。中华民族的祖先很早就在黄河流域生活了,古代,在大多数时间里,黄河流域是中国政治、经济和文化中心,许多朝代的都城,如安阳、长安(西安)、洛阳、咸阳、开封都在黄河的两岸,这些地方有数不清的名胜古迹。几千年来,中国人民在黄河流域创造了灿烂的历史和文化,今天,这种创造仍在继续之中。

41. 从地图上看,黄河像什么?

42. 黄河的上游河水怎么样?

43. 1949年以后,中国人民对黄河进行了什么工作?

44. 黄河被称为中华民族的什么?

45—48

一般来说,人的大脑分为左右两个半球,左右大脑的功能各有优势。科学实验表明,左脑主要负责言语、阅读、书写、数学运

算和逻辑推理等;而知觉物体的空间关系、情绪、欣赏音乐和艺术则定位于右脑。大脑左右半球的功能虽有差异,但并非决然对立,一个人的绝大多数行为需要左脑和右脑的相互协调、相互补充才能完成。只有左右脑协同开发,才能真正有助于智力的全面开发与发展。

10岁左右是脑功能分化的分界线,同时也是孩子在用脑偏向上定型的分界线。10岁以后,人在观察、确认事物等方面开始具有自己的思维偏向,就是说你是一个"左脑型人",还是"右脑型人"。影响这种偏向的,主要有环境因素及有意识的脑训练等等,尤其是环境,在大脑功能分化等方面起着决定性的作用。如果环境不给大脑提供相应的发展所必须的刺激,大脑半球就无法具有正常的功能。日常的活动所要求的用脑方式更直接地决定了用脑的偏向。

学校在培养和评价学生的智力时,对左脑优势方面的训练较多,而对在创造力中起重大作用的创造性想象力等培养和训练则重视不够,这些,又都是右脑的优势所在。比如人们对学生的希望往往是这样的:学生应当一步步地从课堂上获得知识,按部就班地、系统地学习,最终通过所有课程的考试,这些要求都是左脑的活动。在对学生的评价上,学校也再次强调了左脑的优势:学习成绩好、听话、能控制情绪、不提古怪问题、按时完成任务等等。

总之,我们的教育倾向于非语言形态的智力,直接导致了人们对人脑右半球发展的忽视。忽视右脑开发,直接造成了教育上的弊端:高分低能,而且使创造力的发展因为想像力的萎缩而受到阻碍。

为弥补学校教育的不足,开发孩子的右脑,使得左右脑齐步发展,家长对孩子右脑进行适当的训练与开发就显得非常必要。

45. 左右大脑的功能一样吗?

46. 使之成为"左脑型人"和"右脑型人"的主要因素是什么?

47. 学校在对学生进行训练时主要注重脑的哪部分?

48. 忽视右脑开发会直接导致教育上出现什么问题?

49—52

孔子是个大教育家,在中国教育史上占有重要的地位。

在奴隶社会只有贵族子弟才能享受文化教育,孔子认为这样太不公平,他认为每个人都有接受文化教育的权利。孔子创办私学,学生有贵族子弟也有平民,据说他的学生有3000人,其中最优秀的有72人。孔子讲学的地方,有庭院、有卧室、有讲堂、有郊外,有时在旅途中的马车上就讲起学来。他同学生们一起生活,勤勤恳恳地教育学生,得到学生的尊敬。

孔子的教育思想非常丰富。他教育学生,只有通过艰苦的学习才能学到知识。他说"我非生而知之者",意思是连我这个老师也不是刚出生就有学问的人。他要求学生学习要有老老实实的态度,"知之为知之,不知为不知",就是说不要不懂装懂。他提倡"学而时习之""温故而知新",意思是反复温习以前学的知识,才能获得新知识。他还用"三人行,必有我师"这个比喻,教育学生要虚心向别人学习。

在教学方法上,孔子提出了"因材施教"的主张,根据每个学生的不同特点、不同水平,采用不同的教学方法。例如,学生冉求做事胆子很小,孔子就教育他要勇敢;仲由胆子大,但做事不稳重,孔子就教育他有事同岁数大的人多商量。

孔子的这些教育思想和教学方法记载在《论语》一书中,这些可贵的思想方法,对今天的教学还有一定的意义。

孔子死后一百多年,孟子继承了他的思想和学说。孟子也像孔子一样,从事教育,广收学生,周游各个国家。后世把他们合称"孔孟"。

49. 孔子是什么人?

50. 孔子用什么比喻教育学生要虚心向别人学习?

51. 在教学方法上孔子提出了什么主张?

52. 孔子的教育思想和教学方法记载在哪本书里?

53—55

自从有文字记载开始,人类社会已走过了5000多年的文明历史。在这漫长的岁月中,陆地既是人类生息繁衍的活动场所,又是人类获取食物、矿物和能源的聚宝盆。然而,现代生命学家揭示,地球上的所有生命,包括人类,都源于海洋,经历了亿万年漫长的进化过程,才从海洋走上陆地。人类的祖先在陆地上起初过着以树叶遮身、野果为食的原始生活。随着人类队伍的不断壮大,野生动植物已满足不了人类的食品需求,人类开始耕种各种农作物,饲养家畜,于是有了五谷丰登、六畜兴旺的文明社会。毫无疑问,人类是以陆地发家致富的。人类自从发现火种的妙用后,先以地面上的柴禾煮食,

用松脂照明,后又发展到向地下挖掘煤炭,开采石油;人类从制造石器开始,发展到向地下索取矿石,提炼各种金属,制造各种器械。是陆地给了人类诸多的恩惠,使人类社会走向繁荣昌盛。人类在感激大地恩惠的同时,几乎忘却了自己的诞生地——海洋。

今天的人类社会,令人担忧的画面已摆在面前:耕地面积的人均占有量日趋减少,人类已受到粮食危机的冲击;陆地淡水受到严重污染并流失,淡水资源的供需矛盾日益突出;陆地主要矿产资源的可开采年限大多在30年至80年之内,石油、天然气的开采只有百余年的时间,就连储量丰富的煤炭,开采300至400年后,也将会所剩无几;城市数量不断增加,城市人口过度膨胀,交通拥挤不堪。

由于人口不断增长,人类需要新的生存空间。海洋对人类社会及自然界有着重大的影响。人类社会发展的历史进程,一直与海洋息息相关。浩淼的海洋约占地球表面积的71%,而且是一块几乎未被人类开垦的处女地,于是人类开始把视线移向了蔚蓝色的海洋。自80年代以来,科学家在加速海洋资源调查的同时,也努力寻找着开发利用海洋的新技术。人们的目光已经瞄准海洋的生物、矿物和能源三大资源。

53. 地球上的所有生命,包括人类都源于哪里?

54. 煤炭的开采大概还有多少年?

55. 海洋占地球表面积的百分之多少?

第 二 部 分
(25题,25分钟)

> 说明:56—80题,每段文字后都有若干个问题,每个问题都有ABCD四个答案,请读后根据文章的内容选择唯一正确的答案,在答卷的字母上画一横道。

56—58

　　北京的平房越来越少,渐渐被鳞次栉比的高楼所取代。我的家却依然住在北京城内为数不多的平房里,我每天品味着平房带给我特有的生活滋味。

　　每天清晨,即使不上闹钟,我也一定会被院里渐渐喧沸的人声吵醒。窗外,公用的水龙头哗哗作响:刷牙、洗脸、倒水……,甚至隔壁做早餐,炸鸡蛋的香味都会顺着窗缝溜进屋,来引诱我的食欲。这时,无论我多困,也是难以入梦了。

　　这种喧闹一直持续到八点半左右,院里才渐渐清静下来,让我感到安闲而舒适。院里的老太太们逛罢早市,一边择菜,一边闲聊。中午的时候,我往往偷懒泡一袋方便面,然而院里弥漫的菜香总也挥之不去。

　　傍晚,是院里最热闹的时候。人们陆续下班,准备晚饭。孩子们都放学了,在院里大呼小叫、神吹海哨、碍手碍脚,常在此时受到大人的斥责。公用的水龙头在用水高峰时间成了"焦点",而流出的水又偏偏纤细迟缓,珍贵如油,令人起急。由于房子紧张,住在这里的人都在屋外做饭,在自己窗下的煤气灶上煎炒烹炸,于是油烟四起。

　　吃过晚饭,人们或是闲谈,或是洗洗涮涮。院子里充满了安闲的气氛。此时,夜已深了,院里的灯逐一熄灭,一切陷入了沉睡。

56. 下面哪种说法符合这段文字的内容?
　　A. 品味平房的清净安宁
　　B. 品味平房的生活滋味
　　C. 品味平房的安闲舒适
　　D. 品味平房的人际关系

57. 每天早晨,隔壁做早餐、炸鸡蛋的香味都会顺着窗缝:
　　A. 闪进屋
　　B. 走进屋
　　C. 溜进屋
　　D. 刮进屋

58. 吃过晚饭,院子里充满了:
　　A. 喜庆的气氛
　　B. 沉重的气氛
　　C. 热闹的气氛
　　D. 安闲的气氛

59—60

　　许多人把植树看得很简单,认为"无非是刨坑栽树",其实不然,如果不了解树木的栽植成活原理。即使是扦插容易生根的杨柳树也会栽死的。

　　一切正常生长的树木,其根系与土壤密切结合,地上、地下部分的生理代谢是平衡的。由于挖掘时根系受到损伤,根部与地上

101

部代谢的平衡受到破坏,主要是水分吸收供不应求,所以植树前应对枝叶进行修剪,以减少蒸腾。

栽植时,应使根系舒展、深度适宜,以促进根系再生。随时灌水喷水也很重要,使移来的树木与新环境迅速建立正常关系,及时恢复树体以水分代谢为主的平衡,是成活的关键,否则就会有死亡的危险。

59.这段文字是介绍:

A.树木栽植成活原理

B.给树木灌水的原理

C.刨坑栽树的原理

D.树木修剪的原理

60.一切正常生长的树木,其根系与土壤:

A.舒展适宜

B.代谢平衡

C.供不应求

D.密切结合

61—63

据1997年有关部门调查,电话机、录像机、空调已成为90年代中国家庭消费的新"三大件"。

在目前,当许多人还无力购买商品房、私人汽车的情况下,便把眼光集中在个人电话的消费上。改革开放二十多年来,中国电话网增长了4.2倍,发展速度居世界首位,但待装户有增无减。如今提出申请装电话的人多,打算装电话的人更多。为了满足人们对电话的需求,北京市于1996年5月8日成功地将7位电话号码升至8位,成为全世界继巴黎、东京、香港、上海之后,第五个电话号码为八位数的城市。按照目前的发展势头,中国的电话网仅次于美国,将成为世界第二电话大国。到那时,沿海城市和经济发达地区将实现每户一部电话。在安

装住宅电话的同时,无线寻呼、移动电话、磁卡电话、传真电话等世界先进的通讯手段也在中国得到迅速发展。可以说,现在是中国电话业大发展的黄金时期。

61.九十年代中国家庭消费的新"三大件"是:

A.上网、无线电话、磁卡

B.电话机、录像机、空调

C.商品房、汽车、电脑

D.传真、洗衣机、电冰箱

62.目前,许多人还无力购买:

A.商品房、汽车

B.洗衣机

C.电冰箱

D.经济适用房

63.北京市1996年成功的将7位电话号码升至8位的原因是:

A.为满足人们对电话的需求

B.为加快打电话的速度

C.为节省打电话的费用

D.为减少打电话的时间

64—69

太极拳是深受人们喜爱的一种拳术。太极拳动作柔和缓慢,形神兼备。经常练太极拳可以增强体质、防治疾病,所以老年人和体弱多病的人都喜欢打太极拳。目前,这项运动已经成为国际武术比赛的项目了。

在中国武术中,最富有哲学色彩的便是太极拳了,它的名字本身也显示了这一点,因而太极拳又有"哲拳"之称。宋代有人画了一幅太极图,用来解释宇宙、自然的发展规律及其变化。太极图是圆的,太极拳的每一个动作也是圆的。从开始打拳到动作结束,动态相连,环环相绕,一种圆接一种圆,

动作舒展而优美。

练打太极拳首先要做到身体姿势端正，还要做到静、松、灵、活、守几个字。

"静"，就是心静，无忧无虑，精神贯注；"松"，就是要全身充分放松，动作自然舒展；"灵"，是指感觉要灵敏，如果姿势、动作不正确，能很快领悟改正；"活"，是指动作要连贯圆活，富于变化，；"守"，就是意守丹田（腹部），稳定重心，练拳时，四肢动作无论怎么伸缩、转换，身体都要保持垂直。

学打太极拳并不是很难的事。初学时，可以按照书中的图解与说明，一个动作一个动作地学做，然后再一段一段地连起来做，最后形成一个连贯完整的套路，能够熟练地掌握套路动作后，就要注意动作的节奏了。只要牢记太极拳的动作要点，虚心向老师学习，坚持不断地练下去，一定会打一手好太极拳的。

64. 这段文字主要说的是：

A. 人们喜爱太极拳

B. 太极拳的原理及如何练

C. 太极拳很难学

D. 打太极拳没有什么要求

65. 太极拳在中国武术中是最富有：

A. 现代色彩

B. 艺术色彩

C. 哲学色彩

D. 西方色彩

66. 宋代有人画了一幅：

A. 健身图

B. 路线图

C. 宇宙图

D. 太极图

67. 太极拳的每一个动作都是：

A. 直线的

B. 圆的

C. 灵敏的

D. 动态的

68. 画线部分要说明的问题是：

A. 如何练打太极拳

B. 打太极拳是很累的

C. 打太极拳对人有用

D. 打太极拳要坚持

69. 能够熟练掌握动作套路后，就要注意动作的：

A. 灵活

B. 连贯

C. 节奏

D. 变化

70—75

《红楼梦》是中国古代最杰出的长篇小说。这部清代长篇白话小说，以一对贵族青年男女贾宝玉与林黛玉的爱情悲剧为中心，写出了贾、王、史、薛四个封建大家族的衰亡过程，揭露了封建礼教和封建制度的罪恶。

小说结构宏大，情节复杂，描写细腻，人物形象栩栩如生，在几百个人物形象中，贾宝玉、林黛玉、薛宝钗、凤姐、尤三姐、刘姥姥等，已成为不朽的艺术典型。

小说的语言丰富、自然、优美，用词准确传神。作者的知识也非常丰富，《红楼梦》的内容涉及了中国传统文化的各个方面。《红楼梦》被称为中国封建社会的"百科全书"。

《红楼梦》有 120 回，著名文学家曹雪芹写了前 80 回，他去世后，有一位叫高鹗的文学家写了后 40 回。

70. 《红楼梦》写出了贾、王、史、薛四个封建大家族的：

A. 爱情悲剧

B. 主要人物

C. 衰亡过程

D. 艺术典型

71. 小说的人物形象:

A. 非常丰富

B. 栩栩如生

C. 死气沉沉

D. 细腻复杂

72.《红楼梦》一书中共描写了多少人物?

A. 几十个

B. 几千个

C. 几百个

D. 九百个

73. 画线部分的意思是:

A.《红楼梦》共有 100 种版本

B.《红楼梦》的内容包括 100 个学科

C.《红楼梦》共出版了 100 册

D.《红楼梦》全面系统地描写了中国封建社会

74.《红楼梦》的语言丰富,用词:

A. 幽默喜人

B. 讽刺挖苦

C. 准确传神

D. 生动活泼

75.《红楼梦》前 80 回的作者是:

A. 高鹗

B. 曹雪芹

C. 薛宝钗

D. 尤三姐

76—80

中国画一向讲究意境和情趣。现代大画家齐白石是创造意境和情趣的能手。欣赏齐白石的画是一种艺术享受,他笔下的花鸟鱼虫总是那么可爱,他善于把大笔写意的花卉与工笔精细的草虫巧妙地结合在一起,使画面妙趣横生。

1952 年,齐白石 89 岁高龄时,有一天,作家老舍去拜访他,请他以清代诗人的诗句"蛙声十里出山泉"为题画一幅画。"蛙声十里"是听觉形象,绘画是视觉形象,要用视觉形象引起欣赏者的听觉感受,这太难画了。但是善于表现意境的齐白石老人经过几天的精心构思,把这幅画画出来了。当老舍观赏这幅高 4 尺的画时,连声叫道:"好画! 好画!"

这幅画上,没有一只青蛙,画的是山中乱石间的一道泉水,急流中有几条摆着尾巴游泳的小蝌蚪。画面上虽然没有青蛙,但是意在画外,蝌蚪和山泉已经巧妙地使观赏者产生联想,人们好像看到青蛙,听到十里山泉的一片蛙声。

76. 中国画一向讲究什么?

A. 色彩和线条

B. 意境和情趣

C. 内容和情景

D. 纸张和画笔

77. "蛙声十里出山泉"是中国哪个朝代诗人的诗句?

A. 唐代

B. 明代

C. 当代

D. 清代

78. 齐白石的这幅画上有青蛙吗?

A. 没有

B. 几个

C. 很多

D. 很少

79. 这幅画上画的有生命的物体是:

A. 蝌蚪

B. 花卉

C. 小鱼

D. 山泉

80. 这段文字是赞扬齐白石的：

A. 为人非常高尚

B. 和老舍友谊深

C. 善于听取意见

D. 绘画技术高超

三、综 合 表 达

（40题,40分钟）

第 一 部 分

> 说明:81—90题,每段话都划出了**ABCD**四个部分,请挑出有错误的一部分,在答卷的
> 字母上画一横道。

81. 一只陈旧的一人高的花竹书架贴紧墙
<u> A </u>
壁放在床边。这只书架的右上端,是
<u> B </u>
那只花瓶永久性的位置。这样一来,
<u> C </u>
室内或是悬挂或是傍靠着一排中国
<u> D </u>
的、外国的、别人的和他自己的画作。

82. 私有制的产生,带来了生产力的空前
<u> A </u>
发展,同时也带来了许许多多肮脏的
<u> B </u>
东西。于是人们仍然对它根深蒂固,
<u> C </u>
崇尚无私。
<u> D </u>

83. ——你找谁呀,这么着急?
<u> A </u>
——我找老王的徒弟小侯有急事,他
<u> B </u>
家着火了!

——老王徒弟那三个年轻的都在车间
<u> C </u>
干活呢。
——我得赶快去叫他,再晚一步他家
<u> D </u>
就完了。

84. 我特别喜欢跟他在一起,有什么烦心
<u> A </u>　　　　　　　　　　<u> B </u>
的事,只要他一开导,就烟消云散了。
<u> C </u>
他每次讲笑话都把我们乐了。
<u> D </u>

85. 这些规定讨论下来容易,执行起来可
<u> A </u>
是另外一回事。所以我们必须在如何
<u> B </u>　　　　　　　　<u> C </u>
执行上下功夫,制定出一些切实可行
<u> D </u>
的办法。

86. 妹妹是一个十分讲究打扮的人,她买
<u> A </u>
衣服时特别挑剔,不在于价钱多少,而
<u> B </u>

106

在于合体。她每天至少要用40分钟
    C

的时间化妆,但从不愿意嘴唇被抹得
                                D

很红。

87. 我家附近有一个很大的商店,那里的
                      A

设备高档,货物也很齐全。就是售货
员的服务态度特别差。一次,一位顾
客买好了东西,也交了钱,正准备出
                    B

门。一个售货员拽住了他,顾客非常
                      C

气愤,质问那位售货员。售货员把他
问得一句话说不出来了。
      D

88. 中国有句俗话"只要功夫深,铁杵也能
                     A

磨成针",言外之意,只要有毅力,肯下
    B

功夫,什么事都可以做成。
  C   D

89. "吃人家的嘴短,拿人家的手短"。这
              A

个道理连小孩子都懂,你怎么就这么
           B   C

明白呢? 这件事让人太不可思议了!
                   D

90. 不错,人有社会性,人具有社会的人的
                  A

属性,对人或事物的评价不可能脱离
                  B

社会效果,但是这种标准不应该是绝
                  C

对的,几乎在评价爱情、婚姻的问题
                  D

时,这种标准更不应该是第一位的。

第 二 部 分

> 说明:91—100题,每段话中有 3—5 个空儿,请根据语境要求在 A、B、C、D 四组答案
> 中,选择一组最恰当的答案,在答卷的字母上画一横道。

91. 几千＿＿＿＿污染了的河流和几百个污
染了的湖泊,是 20 世纪＿＿＿＿的一笔
遗产 。有了这笔遗产,下个世纪的人
们也就不必＿＿＿＿到那些河湖里捕鱼,
＿＿＿＿也就少了制造渔船和编织鱼网
的麻烦。
  A．座   剩下   去   以致
  B．条   留下   再   从而

  C．串   给予   全   乃至
  D．块   存下   就   从而

92. 小船＿＿＿＿水道进入山洞,洞内灯光
＿＿＿＿,变化莫测;洞内深处,小岛若隐
若现,珠光宝气,＿＿＿＿水晶宫,＿＿＿＿
人心神陶醉。
  A．向   五花八门   尤其   被
  B．由   不胜枚举   就是   使

C. 于　熠熠生辉　也象　给
D. 由　五颜六色　犹如　令

C. 简直 黯然失色 得 尽管如此 至于
D. 大致 光芒四射 能 从容不迫 仍然

93. 安理会正式会议厅 _____ 好不气派，旅游参观者对此 _____ 。但这些"走马观花"的游客却 _____ 不知，与此毗邻的安理会磋商室却只有"斗大"一间。

A. 巍然耸立　感慨万端　分外
B. 富丽堂皇　赞叹不已　全然
C. 物尽其用　可想而知　猛然
D. 富丽堂皇　无可奈何　显然

97. 嫉妒是一 _____ 微妙的情感，强烈而 _____ 隐蔽，自己对自己也不 _____ 承认，却又时不时表现 _____ 。嫉妒很伤人，很降低人，使自己 _____ 愚蠢、可笑。

A. 种　又　愿意　出来　变得
B. 些　并　值得　下去　成为
C. 重　与　能够　上来　感到
D. 片　或　愿意　起来　觉得

94. 节奏和乐调是一种最 _____ 现实的模仿，能反映出愤怒和温和、勇敢和节制，_____ 一切互相对立的的品质和其他的性情。这是可以 _____ 经验证明的。

A. 接近　以及　由
B. 接受　至于　跟
C. 毗邻　以至　将
D. 接近　关于　使

98. 蔬菜里有一种苦瓜，有的人对之躲避不及，有的人 _____ 对之趋之若鹜，前者对后者很不 _____ ，心想：人怎么可以自找苦吃？但凡爱吃苦瓜的人，都会说苦瓜清炒出来的 _____ ，吃到嘴里真是 _____ 。

A. 且　体会　感觉　不堪回首
B. 也　赞成　想法　百思不解
C. 却　理解　滋味　妙不可言
D. 都　了解　体会　妙不可言

95. 这个世界一切的表相都不是 _____ 存在的，一定有它深刻的内在意义，那么，_____ 表相的最好方法，_____ 在表相的皮毛上下 _____ ，而是要从内在里改革。

A. 独自　变化　就是　力气
B. 相对　改革　还是　时间
C. 独立　改变　不是　功夫
D. 同时　改变　只是　本钱

99. 初春的南方一 _____ 绿意朦胧，与褐色的北方 _____ ，简直 _____ 。而我却无心 _____ 这春光秀色，_____ 眷恋着那幅圣洁美妙的图画。

A. 层　相对　大同小异　赏识　才是
B. 边　相比　不约而同　尝试　也是
C. 遍　相差　针锋相对　欣赏　尤其
D. 片　相比　大相径庭　欣赏　只是

96. 凡传世之作，看第一遍时 _____ 不能领会其 _____ 之处。金矿还在宝山里，珍珠尚在海洋里。_____ 发掘，得慢慢找。_____ 得看第二遍、第三遍，_____ 第四遍。

A. 恰好 光明正大 该 不管怎样 何况
B. 或许 光辉夺目 得 无论如何 乃至

100. 人们在整理画师的衣物的时候，惊讶了，他的屋子里 _____ 灰蒙蒙的，但花瓶却像不久前被人擦拭过 _____ ，明晃晃的，蓝晶晶的，_____ 那瓶里的一束白菊花，没有 _____ 。

A. 虽然　　同样　　但是　　衰败　　　C. 尽管　　一样　　并且　　枯萎
B. 然而　　相同　　当然　　衰亡　　　D. 显然　　像样　　就连　　黯然

第 三 部 分

说明：101—110题，每题都有 **ABCD** 四个语句，请按一定的顺序将四个语句排列成一段话，然后在答卷上按排定的顺序写下四个字母。例如：

105. A. 往往就是思想丰富多彩的反映
    B. 一个思想僵化、粗枝大叶的人
    C. 可见语言的丰富多彩
    D. 很难写出生动、严谨周密的文章来

105题的正确答案应该是 **BDCA**，请在答卷上找到号码105，在105后面的横线上按顺序写上 **BDCA**：

105
[A]
[B] <u>B</u>　　<u>D</u>　　<u>C</u>　　<u>A</u>

101. A. 由小肠吸收到血液中来
    B. 变成能被吸收的营养
    C. 靠血液流到全身的各个地方
    D. 食物在小肠内，在肝、胆、胰等消化器官的作用下

102. A. 一旦它被找到，它就属于艺术
    B. 而它以最多种多样的现实形式呈现出来
    C. 美的东西是在自然中
    D. 或者可算是属于发现它的那个艺术家

103. A. 已经成功的置入人的大脑
    B. 变为现实
    C. 电脑微芯片技术
    D. 把以前科幻小说似的梦想

104. A. 而没有经历就无法创作
    B. 都喜欢云游四方
    C. 据说这样能获取丰富的经历
    D. 我遇到好多科幻家

105. A. 特别是在收养它们之前，对这些付出的限量更缺乏考虑
    B. 以及时间、爱心的付出
    C. 人们养小动物往往是为了解闷、开心
    D. 而没有考虑金钱的付出

106. A. 又需要每个国家根据自己的国情制定明智的政策、法律、法规
    B. 还需要每一个人从一点一滴做起
    C. 解决缺水的问题，涉及到方方面面
    D. 既需要国际社会的协调努力

107. A. 是操作型还是动脑筋型的
　　　B. 哪怕这种成就感只是一瞬间的
　　　C. 不管哪一种电脑游戏
　　　D. 游戏的过程总能够满足游戏者对成就的渴望

108. A. 为了人类自己的未来,必须自觉保护我们周围的生态平衡
　　　B. 随着城市化、工业化进程的加快
　　　C. 于是乎,环保主义者就站出来大声疾呼
　　　D. 我们的生活环境已经亮起了红灯

109. A. 可惜很多人出于这样那样的原因,还做不到这一点
　　　B. 不但可以使人保持良好的身体
　　　C. 每天保持一定量的体育运动是一种良好的生活方式
　　　D. 还可以延缓衰老的到来

110. A. 这样下去会造成维生素的大量缺乏
　　　B. 精细食品越来越多
　　　C. 在现代都市人的食品中
　　　D. 导致不良后果

第 四 部 分

说明:111—120 题,每段文章中都有若干个空儿,空儿中标有题目序号,请根据文章内容,在答卷的空格中填上最恰当的汉字。共 10 个空儿。

111—114
　　理解和[111]通这两个字眼在现在的媒[112]里出现得很多。因为这两个字眼说起来容易,做起来难。大家会因民族、习惯、地位等各种各样的原因产生[113]生感和[114]阂感。

115—116
　　说到赚钱,不少北京人明明不具[115]条件,可一侃起来就要干大的,几百万、几十万的,这导[116]的后果常常是大钱挣不到,小钱挣不着。

117—120
　　人的感情是复[117]的,人和动物之间的感情却是那么[118]荡、直率而真挚。只要人一推开[119]养室的门,那些打瞌睡闭目养[120]的老虎、狮子、豹子,马上跃到笼子边,要和人亲热亲热。

110

答 题 纸

1 1 1	2 2 2 2		
1[A][B][C][D]	41 [A] [B]_____	42 [A] [B]_____	43 [A] [B]_____
2[A][B][C][D]			
3[A][B][C][D]	44 [A] [B]_____	45 [A] [B]_____	46 [A] [B]_____
4[A][B][C][D]			
5[A][B][C][D]	47 [A] [B]_____	48 [A] [B]_____	49 [A] [B]_____
6[A][B][C][D]			
7[A][B][C][D]	50 [A] [B]_____	51 [A] [B]_____	52 [A] [B]_____
8[A][B][C][D]			
9[A][B][C][D]	53 [A] [B]_____	54 [A] [B]_____	55 [A] [B]_____
10[A][B][C][D]			
11[A][B][C][D]			

12[A][B][C][D]	56 [A][B][C][D]	57 [A][B][C][D]	58 [A][B][C][D]	59 [A][B][C][D]	60 [A][B][C][D]

1[A][B][C][D]
2[A][B][C][D]
3[A][B][C][D]
4[A][B][C][D]
5[A][B][C][D]
6[A][B][C][D]
7[A][B][C][D]
8[A][B][C][D]
9[A][B][C][D]
10[A][B][C][D]
11[A][B][C][D]
12[A][B][C][D]
13[A][B][C][D]
14[A][B][C][D]
15[A][B][C][D]
16[A][B][C][D]
17[A][B][C][D]
18[A][B][C][D]
19[A][B][C][D]
20[A][B][C][D]
21[A][B][C][D]
22[A][B][C][D]
23[A][B][C][D]
24[A][B][C][D]
25[A][B][C][D]
26[A][B][C][D]
27[A][B][C][D]
28[A][B][C][D]
29[A][B][C][D]
30[A][B][C][D]
31[A][B][C][D]
32[A][B][C][D]
33[A][B][C][D]
34[A][B][C][D]
35[A][B][C][D]
36[A][B][C][D]
37[A][B][C][D]
38[A][B][C][D]
39[A][B][C][D]
40[A][B][C][D]

56 [A][B][C][D]　57 [A][B][C][D]　58 [A][B][C][D]　59 [A][B][C][D]　60 [A][B][C][D]

61 [A][B][C][D]　62 [A][B][C][D]　63 [A][B][C][D]　64 [A][B][C][D]　65 [A][B][C][D]

66 [A][B][C][D]　67 [A][B][C][D]　68 [A][B][C][D]　69 [A][B][C][D]　70 [A][B][C][D]

71 [A][B][C][D]　72 [A][B][C][D]　73 [A][B][C][D]　74 [A][B][C][D]　75 [A][B][C][D]

76 [A][B][C][D]　77 [A][B][C][D]　78 [A][B][C][D]　79 [A][B][C][D]　80 [A][B][C][D]

3　3　3　3

81 [A][B][C][D]　82 [A][B][C][D]　83 [A][B][C][D]　84 [A][B][C][D]　85 [A][B][C][D]

86 [A][B][C][D]　87 [A][B][C][D]　88 [A][B][C][D]　89 [A][B][C][D]　90 [A][B][C][D]

91 [A][B][C][D]　92 [A][B][C][D]　93 [A][B][C][D]　94 [A][B][C][D]　95 [A][B][C][D]

96 [A][B][C][D]　97 [A][B][C][D]　98 [A][B][C][D]　99 [A][B][C][D]　100 [A][B][C][D]

101　102　103　104　105

[A]_____　[A]_____　[A]_____　[A]_____　[A]_____

[B]_____　[B]_____　[B]_____　[B]_____　[B]_____

106　107　108　109　110

[A]_____　[A]_____　[A]_____　[A]_____　[A]_____

[B]_____　[B]_____　[B]_____　[B]_____　[B]_____

111 [A][B]　112 [A][B]　113 [A][B]　114 [A][B]　115 [A][B]

□　□　□　□　□

116 [A][B]　117 [A][B]　118 [A][B]　119 [A][B]　120 [A][B]

□　□　□　□　□

听力理解录音材料

第 一 部 分

1—4

在海淀图书城里,"人文书社"是被划分为经营人文(文学)类书籍的一员,或许看到人文两字感觉亲切,是爱好文字的人的通感,所以人文书社也成为了图书城内文学类书籍的面孔。

现在的读者对于书店的要求是要么品种齐全,要么把一类做专。人文书店正是"麻雀虽小,五脏俱全"。最引人注目的是"传记书架",最多时容纳了近300种传记,除了十几种畅销书外,大部分是《孔子》、《毛泽东传》等常销书。另外,还分别有"古典类""历史类""外国名著类"等书架。

爱逛书店的人,对书的选择非常仔细。在人文书社内可以同时看到四种版本的《西游记》。据该店工作人员介绍,经过对比可以看出人民文学出版社出版的书,价格适中,书的质量也有保证;山东某出版社出版的书,价位最低,适于普及;而看来是同样质地的某出版社出版的书,价格明显偏高。

近期在该店最为突出的一张宣传画为《中国可以说不》,书店老板樊建国介绍,该书在试销期间就走势不错,某大使馆的一位女士在翻译陪同下,来书店买走数本此书。此外,很多机构打电话询问这本书,人文书社的答复是,这本书随时都有。

1. 人文类书籍中的"人文"是什么意思?

2. 现在读者对于书店的要求除了品种齐全外还有什么?

3. 在人文书社有几种版本的《西游记》?

4. 《中国可以说不》是什么?

5—7

某大学的一个研究小组,曾跟踪研究了92位患有心脏病的人。一年后发现:不养宠物的病人中有30%因心脏病复发去世,而饲养宠物的病人中则有90%的病人没有复发心脏病。无独有偶,另一所大学的研究人员通过调查数百个饲养宠物的人士后,惊讶地发现:宠物具有助人健康的功能。和宠物生活在一起的人,能取得相当于吃低盐饮食或戒酒所达到的维护健康的效果。在一些因家庭不和、独居、患病、残疾而精神苦闷的人群以及部分离异家庭孩子的身上,宠物的这种潜在的"疗效"就更直接、明显。

一位研究宠物的权威、著名精神病专家经过多年的研究发现:宠物不仅能给人以精神慰藉,使人精神舒畅,而且还能够使环境变得更具有安全感。他发现:许多患有孤独症的儿童尽管害怕社交,害怕与人交往,却能与狗、猫等家庭动物亲密无间。他因此提出了"宠物疗法",即有意识地让患有孤独症的儿童和宠物相处一段时间,治疗效果非常明显,这些孩子不但孤独症有所改善,与他人的关系也大有进步。

5. 在不养宠物的病人中,有多少人因心脏病复发去世?

6. 宠物具有什么样的功能?

7. 宠物能使环境变得怎么样?

8—9

有一种生长在非洲干燥贫瘠的沙漠上的树,它没有树枝,只在树干上生长着坚硬的阔叶,叶向两边伸展着,好像孔雀开屏一样。

在沙漠里旅行的人,头顶灼热的太阳,脚踏滚烫的黄沙,空气干燥得使人干渴难熬。此时,人们远远见到一棵旅行家树,就会赶紧跑过去,在树荫下休息。更难能可贵的是,你只要用刀子在树上划开一个口儿,树干上就流出清香的汁水,给旅行者解渴。因为它是旅行家的朋友,所以人们亲切地称它"旅行家树"。

8. 在非洲的什么地方生长着旅行家树?

9. 旅行家树对旅行者来说最可贵的是什么?

10—12

善于从消费者的意见中去发现问题,这是许多企业开发新产品成功率高的决窍之一。

以电冰箱为例。日本三洋公司的电冰箱曾一度滞销,开发部部长为探究其原因,召集了几十名家庭主妇到公司征求意见。有一位妇女说:"现在的冰箱都是单门的,每次打开冰箱取食物时,冰箱冷气大量往外跑,很可惜。要是能将冰箱的外门制成上下两半,取东西时只需打开所需的那一半,就一定能节省很多冷气,肯定很受欢迎。"开发部长根据这一条意见,立即组织人员进行研

究、设计。没隔多久,"三洋双门冰箱"便问世了,成为饮誉全球的新产品。

在中国,一次,安徽美菱股份有限公司总经理到北京出差,在一家商场看见一位小伙子摸着"美菱"冰箱自言自语道:"这冰箱好倒是好,就是冷冻室太小了。"总经理听到此话如获至宝,回厂后马上组织力量攻关,很快开发出了 L81 型大冷冻室冰箱,投放市场后十分热销。

由此可见,消费者的意见就是市场信息、产品信息,谁善于发现它,谁就能在产品上有所发明、创新,从而以适销对路的新品赢得顾客,赢得竞争。但令人遗憾的是,时下有不少企业在开发产品中,不是注重从消费者的意见中去发现市场需求,而是"闭门造车",这样开发出来的新产品,往往十有八九是失败的。

产品上的发明、创新,是企业求发展的关键。而成功的发明、创新,又取决于成功的发现。所以,一个企业要在日趋激烈的市场竞争中立于不败,就须长一双"慧眼",善于从消费者的意见中去发现新产品。

10. 什么是企业开发新产品成功率高的决窍?

11. 三洋公司的开发部长根据谁的意见开发了"三洋双门冰箱"?

12. "闭门造车"是什么意思?

13—15

小　马:喂? 您是刘师傅吗? 我是小马。春节好! 我在这儿给您和大妈拜年啦!

刘师傅:春节好,小马。昨天晚上的春节晚会怎么样?

小　马:我看还可以。我们全家边看电视边包饺子。夜里 12 点下

锅,一起热热闹闹地吃团圆饺子。12 点一过,我们家的电话也跟着热闹起来了。不少朋友打来拜年电话。

刘师傅:是呀,这几年不少人家装了电话。到家里拜年的越来越少了。打电话问候一下,又亲切,又方便。平时关系好的会锦上添花,有点磕磕碰碰的,也就化解了。

小 马:是这样。时代在变,人们的生活方式也在变。

刘师傅:昨天晚上我儿子还接到好几个国际长途呢,都是他在国外留学的朋友打来的,"每逢佳节倍思亲"嘛!

13. 小马和刘师傅在谈论什么问题?

14. 春节晚上 12 点钟小马全家吃什么?

15. "锦上添花"是什么意思?

16. 时代变了,人们的哪方面也在变?

17—19

记者:姜文,你觉得自己在生活中是个什么样的人?

姜文:我闺女管我叫猴哥,我是一个嬉皮笑脸的人。

记者:你感觉你这一生顺吗?

姜文:我要说顺有点不合适了,还没到一生呢。到目前为止,比上不足,比下有余。

记者:机遇对于一个人重要吗?

姜文:看你怎么面对这个东西,看你怎么去做,怎么去判断。如果你在做法和判断上出了问题,机遇将

不成为机遇。

记者:你觉得你拍的电影有自己的风格吗?

姜文:说什么风格,我不敢妄谈,我不太在意这个,根据内容吧。

17. 姜文的女儿认为他是什么性格的人?

18. "比上不足,比下有余"是什么意思?

19. 姜文对他拍的电影的风格怎么看?

20—22

老:小玲,你今年多大了? 该结婚了吧?

少:我自己也闹不清,二十五六了吧! 结婚? 早着呐! 反正一个萝卜一个坑,跑不了。我有知识、有技术,长得不缺鼻子不缺眼,还怕嫁不出去? 再说现在我也没时间。

老:没时间? 都忙些什么呢?

少:白天忙着挣钱,晚上还要练健美、学外语。现在我只有一个心思挣钱,我结婚不打算要家里一分钱,也不指望傍"大款"。经济上不独立,总是受制于人,那滋味不好受。

老:你想找个什么样的? 阿姨替你张罗张罗。

少:阿姨,您就甭操这份心了。我周围的男士挺多的,现在我还不想绑在一棵树上。

20. 小玲今年多大了?

21. 小玲现在不想结婚的主要原因是什么?

22. 小玲现在只有一个心思,是什么?

23—25

女:真讨厌,又是一大堆垃圾,天天倒都

倒不过来!

男:你看垃圾里花花绿绿的,大部分都是包装纸和塑料袋,你不觉得现代社会太讲究包装了吗?

女:是太讲究了,不过我觉得包装是社会进步的表现。有了包装,又漂亮又方便,有时我甚至只是图包装漂亮才买那个东西。

男:漂亮是漂亮了,可是你知道吗,塑料制造的东西要 500 年才能回归自然。如果不注意控制,对环境该是多大的污染!

女:现在政府不是提倡用纸制品包装吗?

男:造纸厂对环境污染更严重,而且要消耗大量的森林资源。

女:照你这么说人类就别生存了,生存与环境是永远的矛盾。

男:你这是抬杠。矛盾是永远存在的,但人类应该尽量减少对大自然的破坏。

23. 女的在报怨什么?

24. 塑料制造的东西要多少年才能回归自然?

25. "抬杠"是什么意思?

第 二 部 分

26—30

A. 请问,现在的大学毕业生怎么找工作啊?听说和以前大不一样了。

B. 是的。以前的大学毕业生是由国家包分配,用人单位没有选择的自由,学生更没有选择用人单位的自由。现在大学毕业生就业实行"供需见面,双向选择"的办法。

A. "供需见面,双向选择"是什么意思?

B. 就是学生本人和用人单位直接见面,经过了解用人单位可以接受这个学生,也可以不接受。同样学生也有选择用人单位的权利。

A. 听说现在的大学毕业生在就业观上也有很大的变化,您知道什么样的工作最吸引大学毕业生吗?

B. 一般来说,很多学生把眼光集中在收入高、待遇好、工作稳、有发展前途的单位,向往大城市、大机关、涉外单位。但每年也都有一部分毕业生选择工作环境艰苦的单位或地区。这些人更看重富于挑战性的工作,认为这样的工作更能锻炼自己,发挥自己的聪明才智,更能干出一番事业来。中国有句俗话就是"有志者,事竟成"。

A. 我也很喜欢这句名言。我很想知道,现在在中国找工作难不难?

B. 找一般的工作不难,但是,要找好一些的工作,就不那么容易了。另外,用人单位越来越重视学历,也有不少单位既重视学历,又重视能力和资历,竞争越来越激烈。有的大公司招聘人才的基本要求是外语好、懂电脑、会开车。

A. 看来大学生必须提高自身的能力和

素质。那种"车到山前必有路"的想法是会遇到麻烦的。

B. 人才市场，优胜劣汰，不仅人材本身，而且用人单位也同样面临着激烈的竞争。

26. 以前的大学毕业生怎么找工作？

27. 现在的大学毕业生在就业观上有变化吗？

28. 每年都有一部分毕业生更看重什么样的工作？

29. 有的大公司招聘人才的基本要求除了外语好，懂电脑外，还有什么？

30. 现在人才市场的情况怎么样？

31—35

A. 请问，您找我有何贵干？

B. 您是张经理吗？您好！我姓李，就叫我小李吧！您时间很紧，我就直说了吧。是这样，我们协会要搞一台大型文艺汇演，收入全部捐赠给内蒙古受灾群众。但筹办经费短缺，所以想请贵公司在可能的情况下提供一点赞助。这是有关情况介绍，请您过目。

A. 这个……，你们的活动很好，从道义上我们是非常支持的。本公司向来热心公益事业，每年的预算中都留出巨资赞助公益事业。不过，真不凑巧，本公司今年的捐赠费用已经超资，我们目前的营业状况又不太好，资金一时调度不开。所以对这一活动，我们爱莫能助。

B. 我知道你们也不容易。我们也不会狮子大开口让您为难，您随便给一点就解了我们的燃眉之急。多了更好，少点也不嫌，哪怕是千儿八百的

我们都非常领情。您看能否酌情处理，赞助多少是多少。

A. 问题不在于多少，如果有钱我们会慷慨解囊的，无奈现在上门拉赞助的太多了，我们公司已经是囊中羞涩了，想帮助你们，可心有余而力不足，所以非常抱歉。今后条件允许时我们一定鼎力相助。

31. 小李来找张经理做什么？

32. 大型文艺汇演的收入捐赠给谁？

33. 张经理的公司同意赞助吗？

34. 小李想让张经理赞助多少？

35. 张经理说，自己的公司已经是囊中羞涩了，是什么意思？

36—40

主持人：有这么一种有趣的现象，在物质生活贫乏的时代，胖是生活富足的标志，叫"发福"，说别人胖是一种赞美。不知从什么时候开始，胖就成了一个不受欢迎的词，和不美不健康联系在一起了。今天我们请来了嘉宾赵小姐，请她来谈谈关于胖和减肥的问题。

赵小姐：我胖的历史比较悠久。反正是多种因素加在一起，从青春发育期开始，就发福了。我这个人挺乐观，听说胖人都乐观，也不觉得有什么不好。尽管这样，我减肥的历史也不短，但总是以失败告终。胖，确实给我带来了许多不便，什么高血脂、高血糖、心脏病都找上门来了。就说买衣服吧，很不遂心，有时，在商店逛了一天，

好容易相中了一种样式,可售货小姐说了,没你那么大的号,只好扫兴而归。

主持人:这么说,你的减肥前功尽弃了?为什么没有坚持下来呢?

赵小姐:说实话,减肥太痛苦了!有时,我简直要掉眼泪。为了减肥,我先后用了二十多种方法,遭了不少罪,花了不少钱,都没有成功。后来一位同事劝我,吃喝玩乐是人生的四大享受,你把这一大享受戒掉了,值得吗?我一咬牙、一跺脚,干脆随它去吧,算了。

主持人:赵小姐,我看你还是应该坚持,减肥主要靠毅力,想吃一点灵丹妙药,奇迹就出现了,那是不可能的。另外,要找一种适合自己的、比较科学的减肥方法。我看过一个资料说:减肥的时候,体重下来了,会影响大脑的营养供给,严重的会降低智商,减肥要在医生的指导下进行。

赵小姐:听了你的话,真是受益匪浅。从此以后,我要把减肥的希望寄托在自己的努力上。我相信以后的减肥一定会成功。再过二十年,等我们再相会时,我就成了一个苗条老太太了。

36. 在物质生活贫乏的时代,说别人胖是什么意思?

37. 赵小姐从什么时候开始发胖?

38. 赵小姐买衣服为什么不容易?

39. 赵小姐减肥的历史很长,结果怎么样?

40. 减肥成功主要靠什么?

参考答案

一、听力理解

1. C	2. A	3. B	4. C
5. D	6. B	7. A	8. B
9. C	10. D	11. B	12. A
13. C	14. B	15. C	16. C
17. B	18. C	19. D	20. B
21. A	22. C	23. C	24. D
25. B	26. C	27. D	28. C
29. D	30. B	31. B	32. D
33. D	34. A	35. B	36. C
37. B	38. C	39. C	40. B

二、阅读理解

41. 黄色巨龙	42. 清澈	43. 治理、开发
44. 摇篮	45. 各有优势	46. 环境和有意识的脑训练
47. 左脑	48. 高分低能	49. 大教育家
50. 三人行必有我师	51. 因材施教	52. 《论语》
53. 海洋	54. 三百至四百年	55. 百分之七十一

56. B	57. C	58. D	59. A
60. D	61. B	62. A	63. A
64. B	65. C	66. D	67. B
68. A	69. C	70. C	71. B
72. C	73. D	74. C	75. B
76. B	77. D	78. A	79. A
80. D			

三、综合表达

81. D	82. C	83. C	84. D
85. A	86. D	87. D	88. B
89. C	90. D	91. B	92. D
93. B	94. A	95. C	96. B
97. A	98. C	99. D	100. C
101. DBAC	102. CBAD	103. CADB	104. DBCA
105. CDBA	106. CDAB	107. CADB	108. BDCA
109. CBDA	110. CBAD	111. 沟	112. 体
113. 陌	114. 隔	115. 备	116. 致
117. 杂	118. 坦	119. 饲	120. 神

HSK
中国汉语水平考试
[高　等]
作文试卷

考试要求

1．考试题目:《一件难忘的事》
2．书写要求:全部用汉字写(也可以用繁体字),每个空格写一个汉字。汉字书写要清楚工整。标点符号要正确,每个标点占一个空格。
3．字数要求:400—600字。
4．书写格式:叙述体。
5．考试时间:30分钟。

HSK
中国汉语水平考试
[高 等]
口试试卷

一、朗读:

  五月的一天,朋友邀请我一同出去吃饭。

  饭店里人很多,服务小姐忙里忙外,一分钟也闲不住。我和朋友坐在靠墙角的圆桌前喝着啤酒。喝了一会儿,我的头有点晕,不想再喝了。于是,招呼服务员过来,小声对她说:"小姐,麻烦你上一份饭。"

  服务员很快端来饭,脸上带着甜甜的微笑,服务态度非常好,说:"慢慢用,如果还需要什么,请再叫我。"她微笑着,就像对老朋友熟朋友一样。

  待到朋友喝完酒要上饭时,他说:"你帮我要吧。你身上有一种说不出的气质,让人不由得对你产生敬意。你瞧,服务员小姐对你的态度格外地好。"

我笑着低头看了看自己坐着的轮椅说:"大概是因为它的缘故吧。现在人们都很尊重残疾人,这象征着现代文明。"

我的确是残疾人,一般情况下,我尽量不到公共场合去,并不是自卑,而是好静怕乱。而且,坐着轮椅出出进进的也很不方便,尽给人添麻烦。所以,许多年来我很少在外面吃饭。这一次,完全是因为朋友热情邀请,又正好这家饭店的门是无障碍的,一高兴就来了。

别人怎么看待我的残疾形象,暂且不去评论,自身残疾的现实却是改变不了的。本来和朋友要的是雅座,就因为这轮椅进不去,只好放弃"享受"雅座了。

临出来时,服务员小姐特地叫住我们,退了雅座的钱。我们接过钱往外走时,正在吃饭的顾客纷纷站起来搬桌子挪椅子,给我们让路,并热情地说:"请慢走。"这种情景让我既感动又不安。我一面向人们道着歉"对不起,打扰了,真对不起……",一面离开了饭店。

走在大街上,春风吹来阵阵花香,我的心不由得涌起一股暖流。随着社会物质文明和精神文明的不断提高,残疾人越来越受到人们的尊重和关心了。国家不仅规定每年五月的第三个星期天为助残日,而且在平常的日子,人们也在关心和帮助残疾人。

五月的北京,春的北京,好不醉人啊!

二、回答问题
1. 请讲一个助人为乐的故事。
2. 在你们国家如何尊重关心残疾人。

第五套模拟试题

1·1·1·1·1

一、听力理解

(40题,约25分钟)

第 一 部 分

说明:1—25题,在这部分试题中,你将听到几段讲话或对话。每段话之后,你会听到若干个问题,每个问题都有四个书面答案,请你从中选择出唯一正确的答案。

例如,第1—8题,你听到:

女:李玉田的对象怎么样?

男:论人品,没的挑;论长相,不敢恭维。

女:他不是非要找个漂亮的吗?

男:这你就不懂了,这就叫"情人眼里出西施"啊!

第三个人根据这段对话提出两个问题:

8.李玉田想找个什么样的对象? 你会在试卷上看到四个答案:

    A.人品好的

    B.长相好的

    C.不爱挑毛病的

    D.喜欢恭维人的

    根据对话,第8题唯一正确的答案是**B**,你应在答卷上找到号码8,在字母**B**上画一横道:

8.〔A〕 〔■〕 〔C〕 〔D〕

    你又听到:

9.男的认为李玉田的对象长得怎么样? 你会在试卷上看到四个答案:

    A.比较漂亮

    B.胜过西施

    C.不太漂亮

    D.不敢公开

    根据对话,第9题唯一正确的答案是**C**,你应在答卷上找到号码9,在字母**C**上画一横道:

9.〔A〕 〔B〕 〔■〕 〔D〕

125

1. A. 北京大学
   B. 清华大学
   C. 钓鱼台国宾馆
   D. 人民大会堂

2. A. 春节以后
   B. 春节以前
   C. 中秋节以后
   D. 元旦以前

3. A. 国际政治
   B. 外交
   C. 新闻
   D. 工商管理

4. A. 将使世界更和平
   B. 将使世界更富有
   C. 将使世界更痛恨战争
   D. 将使世界更团结

5. A. 观念的变化
   B. 外观的变化
   C. 形式的变化
   D. 生活的变化

6. A. 大部分作了回答
   B. 小部分作了回答
   C. 全部都作了回答
   D. 全部都无法回答

7. A. 超过了一小时
   B. 超过了五十分钟
   C. 进行了半个小时
   D. 将近五十分钟

8. A. 五十年代
   B. 六十年代
   C. 四十年代
   D. 七是年代

9. A. 价格便宜
   B. 外观漂亮
   C. 结构简单和价格便宜
   D. 坚固耐用

10. A. 维修非常方便
    B. 用油量非常小
    C. 开起来不费力
    D. 设计得很舒适

11. A. 质量高外观美
    B. 价格不断下降
    C. 技术不断改进
    D. 买车非常方便

12. A. 怕部长收不到信
    B. 觉得农村有很严重的问题
    C. 担心部长不同意他的意见
    D. 农村的情况有了很大的改善

13. A. 人口危机
    B. 经济危机
    C. 土地危机
    D. 水资源危机

14. A. 人口增长过快
    B. 占地建屋建厂
    C. 农民没有文化
    D. 农村劳动力减少

15. A. 加速农村的建设
    B. 给农民带来长远的好处
    C. 毁掉农村的将来
    D. 让农民进入城市

16. A. 中国现在和将来都要以农业为主
    B. 中国有很多土地
    C. 中国工业不发达
    D. 中国农民不愿离开农村

17. A. 靠天才
    B. 靠自己的努力
    C. 靠朋友的帮助
    D. 靠老师的指导

18. A. 没有钱拍电影
    B. 没有好的演员
    C. 电影人的素质不高
    D. 没有好的剧本

19. A. 水平低的少
    B. 水平高的多
    C. 水平都一般
    D. 水平低的多

20. A. 导演去当演员
    B. 演员去当导演
    C. 不满现状的人挺身而出
    D. 引进外国电影

21. A. 一个会治病的大夫
    B. 明朝第一个皇帝

C. 一个会唱歌谣的农民
D. 一个有名的美食家

22. A. 是朱元璋自己用的
    B. 是朱元璋请客时用的
    C. 是官员们自己用的
    D. 是当时普通农民用的

23. A. 庆贺自己的生日
    B. 庆贺一位官员的生日
    C. 庆贺皇后的生日
    D. 庆贺打了胜仗

24. A. 朱元璋
    B. 大臣们
    C. 皇后
    D. 老百姓

25. A. 朱元璋很注意节约
    B. 跟老百生同甘共苦
    C. 要特别注意身体健康
    D. 当官的要廉洁清白

第 二 部 分

说明:26—40题,请你听几段采访的实况录音。每段录音之后你将听到若干个问题,
每个问题都有四个供选择的书面答案,请你从四个答案中选择唯一正确的答案。

26. A. 大部分是
    B. 小部分是
    C. 不是
    D. 是

27. A. 脱离了苦难
    B. 没有脱离苦难

C. 渴望脱离苦难
D. 没有脱离苦难的可能

28. A. 是朋友的自传
    B. 是作者父亲的自传
    C. 不是作者的自传
    D. 是作者的自传

29. A. 写过一些
    B. 写过很多
    C. 准备要写
    D. 没有写过

30. A. 从城市到农村当农民的青年人
    B. 在农村成长起来的知识青年
    C. 在农村当老师的青年人
    D. 到农村当工人的青年人

31. A. 善于反映农村的生活
    B. 既能反映农村生活又能反映城市生活
    C. 不善于反映城市生活
    D. 反映城市生活不如反映农村生活

32. A. 美国
    B. 德国
    C. 法国
    D. 英国

33. A. 培养英语人才
    B. 培育出好的树木
    C. 培养出优秀的人才
    D. 培养出漂亮的人才

34. A. 管理好学校
    B. 朝第一流的方向努力
    C. 建立科学研究基地
    D. 培养出新的科学家

35. A. 永远感到满足
    B. 永远感到不满足
    C. 找朋友谈心
    D. 跟别人开玩笑

36. A. 离开凤凰卫视
    B. 生孩子当妈妈
    C. 去外国当主持人
    D. 当资讯台副台长

37. A. 采访
    B. 主持节目
    C. 筹备资讯台
    D. 当演员

38. A. 凤凰体育台
    B. 凤凰电影台
    C. 凤凰综合台
    D. 凤凰资讯台

39. A. 向全体华人道晚安
    B. 向美国人道晚安
    C. 向全世界道晚安
    D. 向家里人道晚安

40. A. 四根
    B. 三根
    C. 两根
    D. 一根

二、阅读理解

(40 题, 40 分钟)

第 一 部 分

(15 题, 15 分钟)

说明:41—55 题,请你在 5 分钟之内,快速阅读几段文章,每段文章的后面有若干个问题,请根据文章的内容,用最简洁的文字回答问题。答案要用汉字书写,汉字要写在答卷的横线上。

41—47

北京的风味美食种类可多了,可以这样说,中国各地的佳肴美味都落户在北京,这是为什么呢?因为北京是历史上的古都,皇帝住在北京,所以名吃、名菜多极了,其中最有名的是北京烤鸭。

一提起北京烤鸭来,那可是名扬天下的中国名菜。据说,这种风味独特的烤鸭已经有好几百年的历史了。最早在南宋的时候,就有人在南方的一些城市沿街叫卖;后来明成祖定都北京后,烤鸭也被带到了北京。到了清朝,那些文武百官也都喜欢吃烤鸭,烤鸭成了宴席上不可缺少的珍品。以后,烤鸭慢慢地从宫廷里传到了民间,于是,北京的街市上便出现了卖烤鸭的餐馆。在清咸丰五年(1855 年),在北京前门外开设了专售烤鸭的便宜坊饭馆。隔了 11 年以后,前门外又开设了一家卖烤鸭的全聚德饭馆。这里的烤鸭手艺更精更妙。从那以后,"全聚德"这个字号也就和北京烤鸭一起,名扬四海了。

说起这全聚德烤鸭店的烤鸭来,那可是中外闻名。许多人都知道这里的烤鸭特别好吃,可是关于它的来历,恐怕就不是知道得那么清楚了。

当时的北京前门外,有一位专门经营鸡鸭行业的人,名叫杨全仁,他待人和气,又很会做生意,所以买卖很兴旺。因为手里有了一些钱,他就在当时的肉市街上买了一座铺面,准备开烤鸭店。为了烤鸭店的生意兴旺,他特地请人来给取了店名,来人起了个"全聚德"的名字,意思是说,这地方是闹市街头,是个聚合不散,全而不缺的好地方,只要做生意就会兴旺,财源滚滚。这"全聚德"的名字起得好听,也正中主人杨全仁的心意。他就请人把这三个大字写成金字大匾,高高兴兴地悬挂在店门之上,又请了一位清宫御膳房里有名的厨师,精心地烤出鸭子。全聚德的烤鸭,作法非常讲究,它是挂炉烤鸭,是凭着炉墙的热力烘烤鸭子,炉里的温度先高后低,烤出的鸭子外皮酥脆,内层丰满,肉又鲜又嫩,肥而不腻。而且炉里烧的不是普通的木柴,而是用枣树、桃树、梨树等果木炭火烤制。这样一来,烤出来的鸭子颜色是枣红的,鲜艳好看,油亮油亮的。外焦里嫩,有一种特殊的果木香味。烤鸭要趁着热吃,把鸭肉削成片,蘸上甜面酱,加上大葱白,卷在特制的荷叶形的小薄饼里,趁着热吃起来,不但鲜美无比,而且营养丰富。后来,全聚德里又有了"全鸭席",那风味独特的鸭肝、鸭掌、鸭翅,以及那又香又鲜的鸭骨汤,别有一番滋味,叫品尝过的人终身难忘。好多年过去了,全聚德成了北京最负盛名的烤鸭店,凡是来北京的人如果不尝尝北京烤鸭,都会觉得很遗憾。

41. 为什么中国的各地的佳肴美味都会在北京落户?

42. 名扬四海的烤鸭是什么时候传到北京的?

43. 北京最早出售烤鸭的是哪一家饭馆?

44. 北京哪家烤鸭店的烤鸭最有名?

45. 为什么要取名叫全聚德?

46. 全聚德烤鸭的特点是什么?

47. 到了北京不吃烤鸭会觉得怎样?

48—52

同样身处大都市,北京、上海、广州、成都女性的家庭、婚姻、事业观念却有差异。北京美兰德信息公司在新世纪的第一个"三八"妇女节前夕的一项调查显示。广州市女性自主性更强,上海女性更重视事业,而北京市女性更看重感情。

这项调查结果是通过对 4 个消费先导城市市区 15 岁至 59 岁的 700 余名女性居民访问后得出的。调查显示,广州市女性在家庭中的自主性更强,对"家庭的本来形态是男主外女主内"这句话的赞成度仅为 2.70 分,低于总体平均水平。上海、北京两

市的女性相对传统,赞成度分别为 2.99 和 2.98,高于平均水平。北京市女性更看重、赞成"经济比感情更重要"的分值仅为 2.03;相比之下,广州女性较为实际,她们对"经济比感情更重要"的赞成度为 2.35 分,比北京高出 0.32 分。

上海女性更重视事业,对"事业比家庭更重要"赞成度为 2.60,居四市之首。

成都女性更多地考虑孩子。对"为了孩子,没感情也要维持家庭"的赞成度为 2.33 分,居各市之首。

48. 身处大都市的女性对婚姻、家庭、事业的观念一样吗?

49. 比较起来,北京的女性对什么更重视?

50. 哪儿的女性认为经济比感情更重要的比例最高?

51. 哪儿的女性认为事业比家庭更重要的比例最高?

52. 哪儿的女性认为为了孩子,夫妻没感情也要维持家庭的比例最高?

53—55

中国寺院建筑一般分为依山式和平川式两种,寺院布局则分为石窟寺和塔庙两种。

石窟寺是仿照印度的样式依山建造,大佛、菩萨都雕刻在石窟中,如著名的甘肃敦煌石窟、山西云冈石窟、河南龙门石窟。石窟寺的建筑形式前后流行了五六百年,唐朝达到顶峰,宋朝以后就走下坡路了。

塔庙开始时也是参照印度的寺庙样式,如寺庙中一定有塔,整座寺庙以塔为中心建造,但这种布局后来发生了变化。中国式的寺院建筑布局在魏晋南北朝时基本定型,它不再以塔为中心,而是以大殿为中心,因此许多寺庙没有塔,它的建筑依照了中国的建

筑原则。中国式的建筑讲究左右对称,主要建筑都在南北中轴线上,东西两侧是其他的建筑,因此中国式寺院也是这样的布局:在南北中轴线上,首先是山门,接着是天王殿,再接下去是大雄宝殿、法堂,最后是藏经楼,东西两侧是其他建筑,主要是僧侣的生活区。这种建筑布局成为中国寺院建筑的主流,一直流传至今并影响到周边国家。

53. 中国的石窟寺是仿照什么样式建造的?

54. 中国的寺庙建筑是在什么时候定型的?

55. 中国式的建筑讲究什么?

第 二 部 分

(25题,25分钟)

说明:56—80题,每段文字后都有若干个问题,每个问题都有 **ABCD** 四个答案,请读后根据文章的内容选择唯一正确的答案,在答卷的字母上画一横道。

56—58

记者从有关部门获悉:中国服装的年产量达 80 亿件,连续五年居世界第一。出口额达 240 亿美元,连续两年成为世界冠军。令人遗憾的是:中国到现在还没有一个在国际上真正知名的品牌。许多企业辛辛苦苦地帮外国公司加工名牌服装,贴上外国的牌子,一件可以卖几百美元。可我们自己出口服装的价钱平均每件还不到 4 美元,有些服装甚至是以重量为单位来销售。中国服装在国际上成了"大路货"的代名词。有些中国服装在款式、花色品种方面与外国名牌相似,但是仔细看就能发现,它的质地、做工的确不如外国货,中国服装与世界先进水平相比,还存在相当差距。

造成这种情况的原因是多方面的,有服装原料方面的,有服装设计方面的,有中国人消费水平与消费习惯方面的。令人振奋的是,中国纺织服装业已经认识到这一点,他们正在通过大规模技术改造提高自己在各方面的水平,相信中国服装能在不远的将来接近世界先进水平。

56. 这是一则:

A. 文章评论

B. 内容提要

C. 商业广告

D. 新闻报道

57. 从上下文看划线部分的意思是:

A. 中国服装数量多价格便宜

B. 中国服装数量多质量好

C. 中国服装数量少质量差

D. 中国服装数量多价格贵

58. 下面哪种说法符合这段文字的内容?

A. 中国服装已经超过世界先进水平

B. 中国服装的质量连续五年居世界第一

C. 中国服装的质地和做工跟世界先进水平有差距

D. 中国服装无法赶上世界先进水平

59—61

成熟社区选择成功人士　成功人士入住安慧北里

高贵品质,自然飞扬:三面通风,户型方正,人性化设计,巧妙地把大自然气息引入室内。

感受生活,一点一滴:紧邻国家森林公园,绿地如茵,树木成行,苍松翠柏相嵌其间,全方位的绿化新概念,让您时刻拥有一片源于自然呵护的健康净土。

地位出众,品质更具魅力:<u>小区紧临奥运村预留地中心地段,极具发展潜力,区内环境优雅宁静,整体绿化工程已成为朝阳区政府今年的重点项目。北四环近在咫尺,地铁五号线,公交车构成立体交通网络,令您四通八达,畅通无阻。</u>

配套齐全,解您之忧:恪守客户为尊的服务理念,从优质工程的品质保证到体贴细致的物业管理,使您入住安慧,即是上帝!

综合权:全方位的商业服务、全方位的交通、全面的低价入市、高尚人文环境、真正北京产权。

59. 这是一则:

A. 房地产广告

B. 文章摘要

C. 内容简介

D. 专业评论

60. 下面哪种说法符合划线部分的意思?

A. 小区地处北京最繁华的地段

B. 小区环境优雅和交通方便

C. 小区地处北京郊区交通不方便

D. 小区建设是朝阳区今年的重点项目

61. 有着重号的句子的意思是:

A. 等客户找上门来服务

B. 上门去为客户服务

C. 处处为客户的利益着想

D. 处处为公司的利益着想

62—64

日前,中国广告协会举办了有关信誉问题的研讨会,主题为"信誉是广告的灵魂"。中国广告协会提出要把今年定为"中国广告信誉年",同时要在评比今年"十佳"广告的同时还要评出"十假"广告。

此次"中国广告信誉年——真实承诺我先行"活动,将以整治虚假广告为主要内容,以行业自律为主要手段,达到最大限度地减少虚假广告的目的。整个活动分三个步骤进行:

行业发动,舆论宣传,自我检查,自我约束;请消费者参与,对信誉好与信誉差的广告分别进行评议;检查、评比并表彰宣传内容真实、行为守法的典型。

为了使消费者广泛地参与到此次活动中,中国广告协会还将设立投诉受理电话,请消费者推荐 2001 年内容真实的十个好广告和十个内容不实的假广告,并定期对虚假广告予以公开曝光。

62. 这段文字的主要意思是什么?

A. 开展评奖活动

B. 整治虚假广告

C. 保护厂家的信誉

D. 要搞好宣传活动

63. 搞广告信誉年的第二个步骤是什么?

A. 对信誉好和信誉差的广告进行评议

B. 进行舆论宣传和自我检查

C. 评比和表彰真实和守法的典型

D. 揭露和批评广告内容虚假的典型

64. 中国广告协会为什么要设立投诉受理电话?
    A. 让广告商都来参加评比活动
    B. 使消费者广泛参与评比活动
    C. 为了评出十个内容真实的好广告
    D. 为了评出十个内容虚假的坏广告

65—68

传说古时候成都有个万宝酱店,老板姓温,有一个女儿,名叫巧巧。这巧巧就像她的名字一样,。心灵手巧,是个谁见谁夸的好姑娘,只可惜长了一脸麻子。巧巧长大以后,跟附近一个油坊的陈老板结了婚。陈老板以前是个穷苦人,不嫌妻子脸上有麻子,夫妻俩相敬如宾,共同努力,日子过得很不错。

不幸的是,结婚以后没几年,陈老板就在一次运油的路上意外死去。巧巧忍住悲痛,和小姑子一起,没日没夜地干。可是,油坊里都是力气活,女人哪儿干得了,油坊终于关门了。

邻居们见这姑嫂俩实在可怜,就经常给她们送点儿吃的。特别是两边的豆腐坊和羊肉店,过年过节时总不忘给她们送些豆腐和羊肉。巧巧和小姑子商量:"邻居们这么照顾我们,我们请大家吃顿饭吧。"小姑子说:"嫂子说得对!我也总想这样吃别人的不好意思。可是我们拿什么请客呢?"姑嫂俩想了很久,终于想出了一个主意:把邻居送来的羊肉切得小小的,再加上自己种、自己做的麻辣香料,和豆腐一起炖,就成了香辣美味的羊肉豆腐。请客那一天,邻居们都来了,吃着巧巧姑嫂做的这种菜,大家赞不绝口。

后来,巧巧姑嫂就把自己住的房子改成了小吃店,专卖这种香辣美味、价廉物美的羊肉豆腐,生意好极了。巧巧死了以后,人们为了纪念她,就把这种菜叫做"麻婆豆腐"。

65. 巧巧结婚以后,丈夫跟她相处得怎么样?
    A. 夫妻俩过着很贫穷的生活
    B. 夫妻俩过着很富裕的生活
    C. 夫妻俩生活得很美满
    D. 夫妻俩谁也不理谁

66. 巧巧家的油坊为什么开不下去?
    A. 没有原料
    B. 产品没有销路
    C. 没有本钱
    D. 没有人干力气活

67. 姑嫂俩为什么要请邻居吃饭?
    A. 回报邻居的帮助
    B. 为了开小吃店
    C. 为了求邻居帮助
    D. 为了试试自己的手艺

68. 为什么人们把羊肉豆腐叫做"麻婆豆腐"?
    A. 因为豆腐好吃
    B. 因为豆腐价廉物美
    C. 为了纪念巧巧
    D. 因为人们都知道巧巧的手艺好

69—71

朋友知道我要到南亚去旅行,善意地警告我,千万要注意饮水——当地水质不纯,凡饮用自来水者,没有不生病的;喝瓶装矿泉水呢,也不是百分之百安全,因为市面上许多矿泉水是"赝品"。

在我动身之际,适逢南亚碰上多年未见的旱灾,土地寸寸龟裂,农夫欲哭无泪,一张张祈水的脸苦若黄连。

我们最先去的地方是座南亚古城,一下

飞机,古城的热浪便像着火的猛兽扑面而来,置身其中有一种自焚似的痛苦。

白天我四出参观,人燥得发昏,喉咙总在发出"嘶嘶"的声音,仿佛一张口便会喷出一大蓬白白的烟。空气像一堵密不透风的墙,死死地挡在面前。

街上有许多摊贩,坦坦荡荡地将一大桶、一大瓮、一大盆青青白白的水摆在面前卖。有些卖水的人还"出奇制胜",将大块大块宛若巨型水晶的冰块放在圆形的铝盆内,有人光顾,便以尖尖的锥子猛猛地敲、戳、打,然后,把这一堆碎冰块连同紧紧附在上面的灰尘一起扫入杯中,再舀入几勺浮沉着万千细菌的"清"水。买客喝下,可以考验自己对疾病的抵抗能力。

69. "我"去南亚旅行的时候,为什么朋友要提出善意的警告?
   A. 因为当地温度太高
   B. 因为当地水质不好
   C. 因为当地经济落后
   D. 因为当地气候不好

70. 在南亚古城,人们一下飞机首先遇到了什么?
   A. 痛苦的人们
   B. 暴风雨来临
   C. 热浪扑面而来
   D. 有人在自焚

71. 为什么说喝了摊贩卖的水,能考验自己对疾病的抵抗能力?
   A. 因为摊贩卖的水没经过严格消毒
   B. 因为摊贩卖的水是经过严格消毒的
   C. 因为摊贩卖的水能治疗疾病
   D. 因为摊贩卖的水是没有细菌的

72—75

中国是茶叶的故乡,传说在公元前2730年中国人就发现并种植茶树,并把茶叶用于医药。公元3—4世纪,茶叶逐渐作为饮料,到公元6—7世纪,饮茶的习惯遍及全国。唐代的陆羽(782—804年)所著的《茶经》是世界上最早的有关茶叶的著作。中国种茶技术首先传入日本,日本在公元810年以前不种茶。16世纪中叶,中国的茶又传到欧洲,但当时的欧洲人只是把它当成标本来保存。直到18世纪,欧洲人才开始把茶当作饮料。茶传入俄国是公元1600年,当时只是进口茶叶当饮料,后来俄国茶叶商人从中国带回茶种,请中国茶农传授种茶技术,俄国才有了自己的茶叶。1780年,制茶的方法传入印度,1893年传到斯里兰卡。

今天,中国仍然是世界上最大的茶叶生产国,茶园的面积占了世界的一半,茶叶产量占了世界的65%。

72. 茶叶最早的用途是什么?
   A. 做原料
   B. 做饮料
   C. 做药材
   D. 做粮食

73. 中国早在什么时候已经普遍有了饮茶的习惯?
   A. 公元前3—4世纪
   B. 公元前6—7世纪
   C. 公元3—4世纪
   D. 公元6—7世纪

74. 中国茶叶最早传入哪国?
   A. 印度
   B. 日本
   C. 斯里兰卡
   D. 俄国

75. 中国种茶的面积占全世界的多少?

A. 50%

B. 65%

C. 45%

D. 60%

76—80

"作为家政服务的一项内容,月嫂这一行肯定会在全市范围内推广。"正当许多赋闲在家的妇女们争当月嫂时,有关专家如是说。记者日前也从有关部门获悉,本市已出台扶持家政服务的试点方案,母婴看护一项也在其中。

《月嫂温情脉脉的新行当》一文已经见报好几天了,但至今咨询哪里招收月嫂的电话依然不断。其实月嫂服务只是家政服务中的一项内容而已,而大部分街道都已经有了社区服务中心,怎么还有这么多想当月嫂的妇女自荐无门呢?记者在采访中发现,一些社区干部也想到过开展月嫂服务,但是担心没有北京妇女愿意干,也担心没有市场。

最先瞄准母婴看护的这一北京月嫂爱心服务中心并不是一家服务机构。在该中心,月嫂月薪在1300元左右。每聘用一名月嫂,雇主要缴纳600元中介费。这两个数字绝不是以微利为原则的社区企业能开出的价码。但是,月嫂服务中心却成功了。首都经贸大学劳动经济系张琪老师认为,较高的回报率(月薪过千元)让北京人搁下"面子"问题,纷纷当起了月嫂。另一方面,为了安全度过人生中这最重要的一个月,产妇及家庭也肯掏出这1900元钱。正所谓一个愿打,一个愿挨。这是市场规律。记者了解到,自《晨报》报道了月嫂的故事后,平均每天月嫂爱心服务中心都能签订两份聘用合同。中心经理刘京云趁此机会将20多名有

特长的下岗和失业妇女招入旗下,有四五位非常出色的准月嫂,上午报名,下午就有了工作。

最近的一项调查表明,宣武区居民每月支出家政服务的费用只有50元。宣武区社区服务机构的经营状态也不容乐观,约有28.57%的实体经营状况基本持平,另有14.29%的实体处于亏损状况。因此,许多社区实体并不看好月嫂这一行。专家认为,社区就业并不是只赚自己的一亩三分地上的钱。譬如,宣武区的月嫂可以派遣到经济相对发达的海淀区、朝阳区工作。

月嫂爱心服务中心其实就是专业的劳动派遣机构。这样的机构在西方国家非常普遍。比如,在美国就有专门清洗大厦玻璃的服务企业,也有专门上门清洗家庭地毯的服务企业,生意火红异常。

76. 月嫂是一种什么服务?

A. 是一种婴儿服务

B. 是家政服务中的一种

C. 是一种企业服务

D. 是一种信用服务

77. 以前北京的月嫂服务工作没有全面开展的主要原因是什么?

A. 北京的妇女不愿意干

B. 北京没有市场

C. 社区干部有顾虑

D. 想当月嫂的妇女自荐无门

78. 什么原因能使北京人搁下"面子",去争当月嫂?

A. 有较好的工作条件

B. 工作不劳累

C. 能学到很多技术

D. 有较高的工资

79. 为什么产妇和家庭肯出较高的酬金聘

用月嫂？

A. 因为家庭经济情况富裕

B. 因为月嫂很不容易聘请

C. 因为要安全度过生产期

D. 因为能帮助月嫂克服困难

80. 宣武区社区的经营情况怎样？

A. 经营基本持平

B. 经营出现亏损

C. 经营状况良好

D. 经营亏损厉害

3·3·3·3·3

三、综合表达

（40题，40分钟）

第 一 部 分

> 说明：81—90题，每段话都画出了 **ABCD** 四个部分，请挑出有错误的一部分，在答卷的
> 字母上画一横道。

81. 炎黄子孙世界160多个国家和地区，
$\underset{A}{}$
海外华侨超过5500万。每年，大批大
批的华人，不辞艰辛，不远万里，来到
$\underset{B}{}$
中国祭拜祖先。中国人的这种寻根追
祖情结，不能不说受延续数千年的家
$\underset{C}{}$
谱影响有关。家谱维系的不仅是一个
$\underset{D}{}$
家族，更是一个民族。

82. 本单位向社会诚聘文秘人员的条件
是：需有较强的事业心；具有较强
$\underset{A}{}$
的语言表达能力和文字写作能力；具
$\underset{B}{}$
有较强的社会交往；熟练掌握计算机
$\underset{C}{}$ $\qquad \underset{D}{}$
和办公软件应用。

83. 俗话说民以食为天，食品质量是决定
$\underset{A}{}$
人生存质量最重要的因素之一。然而
$\underset{B}{}$

自1996年英国爆发"疯牛病，世界范
$\underset{C}{}$
围内食品灾难接踵而来。
$\underset{D}{}$

84. 自称普通人的中国外长，无论怎样低
$\underset{A}{}$ $\qquad \underset{B}{}$
调，都是一位处在前台的聚焦人物，他
$\underset{C}{}$
的一言一行注目。
$\underset{D}{}$

85. 要恰到好处地处理外交事务的度，谈
$\underset{A}{}$
何容易。真有点像高空走钢丝，没有
$\underset{B}{} \qquad \underset{C}{}$
定式可以参照。
$\underset{D}{}$

86. "吾日三省吾身"是一条古训。我每天
要反省，但不是闭门思过，而是把一天
$\underset{A}{} \qquad \underset{B}{}$
的所作所为以及所讲的话再想一遍，
$\underset{C}{}$
看看没有过头或失实之处。
$\underset{D}{}$

87. 在齐心协力治理食品污染的情况,怎
　　　　　　　　　　　　　A
样预防被污染过的食物被搬上自家餐
　　　　　　　　　　　　　B
桌,除了小心防范之外,可能最有效最
　　　　　　　　C
简单的方法就是购买绿色食品了。
　　　　　　　　　　D

88. 在大中城市成立对蔬菜、水果及鸡、
　　　　　　　　　　　　　　A
鱼、蛋、奶等进行药检的机构,建立农
产品质量检测体系,抓紧制定农、兽药
　　　　　　　　　　　　　　　B
残留检测标准,以最大限度地防止
　　　　　　　　　　　C
"毒"从口入已当务之急。
　　　　　　　D

89. 我不佩服那些在艰苦的环境中能奋斗
　　　　　　　　　　　　A
的人,而佩服那些在安逸富足的条件
　　　　　　　　　　　　B
还能保持奋斗的人。我觉得苦难当然
　　　　　　　　　　　　C
会逼迫人去奋斗,而有些人在优裕生
活中能不去享受倒是不可思议的。
　　　　　　　D

90. 谷教授历时十余载,独创排毒转阴法,
　　　　　　　　A　　　　　　B
在攻克乙肝、肝硬化、肝腹水取得突破
　　　　　　　　　　　C
性进展,其显著的疗效在国内外名列
　　　　　　　　　　　D
前茅。

第 二 部 分

> **说明**:91—100题,每段话中有3—5个空儿,请根据语境要求在 **A**、**B**、**C**、**D** 四组答案中,选择一组最恰当的答案,在答卷的字母上画一横道。

91. ＿＿＿＿了解,当玉风瓷厂生产的茶杯开
始走俏市场时,各种各样的冒牌产品便
雨后春笋般冒＿＿＿＿,令他们防不胜
防。目前这种商标无规则的状况还在
继续,且不断扩大。他们没有认识到
＿＿＿＿知识产权被伪造,被剽窃利用,
＿＿＿＿影响拥有者的经济利益,更会破
坏整个瓷都的声誉。
A. 按照　　下去　　因为　　　所以

B. 据　　　出来　　一旦　　　不仅
C. 如果　　上来　　再次　　　可以
D. 大约　　进来　　一再　　　假设

92. 众多的先驱者＿＿＿＿隐没在历史长河
之中,其中的许多人,当我们闭上眼睛
的＿＿＿＿就会看见他们,像夜空中明亮
的星星,虽然很远,然而我们感觉很近。
当我们睁开眼睛的时候,不见他们的身
影,却能够处处见到世界＿＿＿＿他们所

发生的变化,感受到他们对世界产生的影响。

A. 将来　　日月　　因为
B. 是否　　时间　　因此
C. 就要　　年头　　对于
D. 已经　　时候　　由于

93. 历史学家_____这样一种估计:很少有孤立的政治事件能够对人类历史进程_____持久的决定性的影响。然而,如果_____某几种科学发现或者技术发明,人类的历史可能面目全非。生活在今天的每一个人,都应当_____那些在科学上做出过巨大贡献的人们。

A. 同意　　产生　　缺少　　感谢
B. 提出　　出现　　没有　　表扬
C. 赞扬　　有着　　减少　　纪念
D. 证明　　解决　　即使　　致谢

94. _____人类进入环保时代,人们的消费观念也发生了重大变化,更加_____保健、环保。崇尚_____自然、追求健康的绿色消费之风蔚然兴起。近些年,在世界绿色消费大潮的影响下,绿色消费在我国逐步升温,一些有环保意识的企业开始开发"绿色"产品,绿色消费的产值在我国呈_____上升势头。

A. 假如　　注意　　返回　　加快
B. 即便　　意料　　主张　　很快
C. 随着　　注重　　回归　　迅速
D. 只要　　看重　　提倡　　加速

95. 今年_____,随着美国两次降低利率,各国也开始纷纷降低利率,对人民币利率是否需要_____,自然引起人们的关注。在美国利率下调以后,有研究机构曾经_____人民币利率与美元利率差

距很大,今年有可能提高人民币利率。我们认为,这样的看法不_____中国政策常规。

A. 以后　　改变　　主张　　实现
B. 以来　　调整　　提出　　符合
C. 以前　　研究　　出现　　吻合
D. 开始　　解决　　反映　　满足

96. 世纪之交,中国_____实现了现代化建设的前两步战略目标,经济和社会全面_____,人民生活总体上达到了小康水平。从新世纪开始,中国将进入全面_____小康社会,加快推进社会主义现代化的新的发展阶段。

A. 部分　　进入　　提供
B. 暂时　　提高　　推广
C. 同时　　贯彻　　提倡
D. 胜利　　发展　　建设

97. _____祖父风流倜傥,祖母贤淑美丽,他们两个一个留洋医师,一个是大家闺秀,才子_____佳人,成为_____佳话。如今,转眼50年过去,正值他们金婚的大喜日子,重新翻看当年的结婚照片,更_____我感动。

A. 那年　　对　　一些　　要
B. 以往　　娶　　那时　　促
C. 当年　　配　　一时　　令
D. 少年　　当　　一生　　会

98. 民无信不立,大约是说如果老百姓对统治者不_____,国家就站不住脚。商鞅变法时,最先_____的就是取信于民的办法。他立了一个大木头在城墙边上,许诺谁能搬到北边,就赏10两金子,围观的人不敢相信有这样天上掉馅饼的好事,都观而不动。商鞅一看没人动,

139

就把赏金加到 50 两。这时有个年轻人站_____，把木头搬到北边，50 两金子也到了手。大伙这才知道国家说话是_____的，从那以后，变法顺利进行，秦国日益强大。

A. 了解　　参加　　起来　　可行

B. 信任　　采用　　出来　　算数

C. 明白　　接受　　上来　　正确

D. 明确　　参与　　进来　　顺利

99. 城市文化是城市性格的反映。_____的上海，在发展中始终坚持物质文明与精神文明同步进行。进入 90 年代以来，上海出现东方明珠电视塔等_____文化标志性建筑。然而，文化是多层次的，需求也是多元化的。在上海这座大都市，需要与世界媲美的设施，也需要面向群众的，_____大多数人要求的"快餐"型设施。那么这座城市的文化功能才算是_____的。

A. 日新月异　一批　适合　齐全

B. 与日俱增　一身　合适　相同

C. 同日而语　一部　达到　一致

D. 欣欣向荣　一个　实现　完全

100. 从根本上看，北京的政治、文化和全国经济管理中心地位是人口剧增的最大的"磁力"。北京的城市功能繁多。北京_____是一个单纯的消费城市，而如今却完全改变了。过去北京发展了不适合北京_____的经济，以冶金、钢铁等污染严重、耗水量大的产业为_____，现在发展高新技术，把污染严重的工业搬迁出城是十分_____的。但有经济活动就需要土地，需要建设。北京是中国的心脏，可是都往心脏上跑，这怎么受得了？

A. 总体上　方便　基础　明了

B. 事实上　地道　依赖　清醒

C. 实际上　特别　依靠　关心

D. 历史上　特点　支柱　明智

3·3·3·3·3

第 三 部 分

说明:101—110题,每题都有 **ABCD** 四个语句,请按一定的顺序将四个语句排列成一段话,然后在答卷上按排定的顺序写下四个字母。例如:

> 105. A. 往往就是思想丰富多彩的反映
>
> B. 一个思想僵化、粗枝大叶的人
>
> C. 可见语言的丰富多彩
>
> D. 很难写出生动、严谨周密的文章来

105题的正确答案应该是 BDCA,请在答卷上找到号码105,在105后面的横线上按顺序写上 **BDCA**:

105

[A]

[B] <u>B</u>　　<u>D</u>　　<u>C</u>　　<u>A</u>

101. A. 根据听力损失多少就补偿多少的原则
B. 内置电脑全自动调节
C. 全数码助听器严格按照国家标准生产
D. 把声音分成 9 个独立的通道进行综合处理

102. A. 但它在逐渐走向成熟
B. 任何国家的股市不可能一步到位规范
C. 虽然犯过错误走过弯路
D. 中国股市的发展仍像一个幼稚的孩子

103. A. 这本书从科学的角度出发
B. 使人们划清了科学与伪科学的界限
C. 运用社会科学的基本原理和基本知识

D. 深入浅出地揭示了事物发展的本质特征

104. A. 围绕名牌产品而展开的售后服务
B. 不光局限于产品本身
C. 名牌产品之所以成为名牌
D. 也是名牌产品"含金量"的重要组成部分

105. A. 由于它顺应了回归自然的都市游人
B. "生态农业"又称为观光农业
C. 因而生态农业已成为旅游产业中的"朝阳项目"
D. 是目前旅游业新兴的旅游项目

106. A. 还没有哪一个现当代小说家的作品能像他的小说
B. 才真正感受到张恨水的小说力量
C. 被老百姓自觉地讲述和传播
D. 当我成了写小说的所谓作家以后

107. A. 我国的医务工作者前赴后继地进行了大量的科研工作
     B. 面对精神疾病给人们生活和健康带来的威胁
     C. 在取得令人鼓舞的研究成果的同时
     D. 也涌现出一大批各具特色的精神病治疗专家

108. A. 只有增强人力资源的竞争优势
     B. 人力资源成为企业持续发展的关键因素
     C. 中国的通信企业正处在高速成长期
     D. 才能带动企业的科研开发和市场营销

109. A. 嘉里公司成立初期的主要任务是充分利用京港两地的资源和市场
     B. 并盘活有效的国有存量资产
     C. 为北京引入国际物流先进的管理经验和技术
     D. 以实现公司在国际资本市场的融资目标

110. A. 经受过人类多次征战和大自然风雨侵蚀的大佛基本上不复存在了
     B. 录像带画面显示了千年大佛被摧毁的过程
     C. 头部和手指也受到极为严重的损坏
     D. 大佛的腿部已被完全炸毁

第 四 部 分

> **说明**：111—120 题，每段文章中都有若干个空儿，空儿中标有题目序号，请根据文章内容，在答卷的空格中填上最恰当的汉字。共 10 个空儿。

111—113

专业人士认为，造成手机投诉直线上升的[111]接原因，首先是近两年一些知名品牌手机生产商开始在国内合资生产手机，而在质量上又把关不严，从而造成手机总体质量下降；其次是由[112]中国市场手机需求旺盛，一些手机生产商就忽略了原本是企业发展命脉的售后服务。维修点服务人员的服务质量[113]往往是导致用户投诉的直接原因。

114—117

当前，我国正[114]临着加快科技创新的大好机遇。世界范围内的信息化浪潮，使我国能够选择以信息化带动工业化融[115]的发展道路。在技术更新速度不断加快、新兴产业不断涌现的今天，我国完全可能跨越某些技术发展的阶段，站在与发达国家相同或相近的[116]点上。

大力推动和鼓励科技创新，必须尽快形成有利于创新的体制和机制。为此要加快科技体制[117]革和创新的步伐，加速国家创新体系建设，尽快形成以企业为主体的技

3·3·3·3·3

术创新体系,从根本上实现科技与经济的紧密结合;建立精干、高效、充满活力的科研体系,按照有所为、有所不为的方针优化科技力量布局,加强原始性创新;建立社会化的科技服务体系,加快科技成果的扩散和应用。

118—120

据环境保护部门的检测表明,去年以来,济南市区空气质量优秀和良好天数达197天,[118]总天数的80%,"世界十大空气污染严重城市"的帽子已经甩掉。青岛市继1999年脱离"污染严重城市"行列之后,去年11月又顺利[119]过国家环保总局的考核验收,荣获"国家环保模范城市"称号。据统计山东全省主要污染物排放总量大幅下[120],工业污染源达标率达99.6%。摘掉污染"黑帽子",碧水蓝天正回归。

答　题　纸

<table>
<tr><td>1 1 1</td><td>2　2　2　2</td></tr>
</table>

1 1 1	2 2 2 2		
1[A][B][C][D]	41 [A] [B]_____	42 [A] [B]_____	43 [A] [B]_____
2[A][B][C][D]			
3[A][B][C][D]	44 [A] [B]_____	45 [A] [B]_____	46 [A] [B]_____
4[A][B][C][D]			
5[A][B][C][D]	47 [A] [B]_____	48 [A] [B]_____	49 [A] [B]_____
6[A][B][C][D]			
7[A][B][C][D]	50 [A] [B]_____	51 [A] [B]_____	52 [A] [B]_____
8[A][B][C][D]			
9[A][B][C][D]	53 [A] [B]_____	54 [A] [B]_____	55 [A] [B]_____
10[A][B][C][D]			
11[A][B][C][D]			
12[A][B][C][D]	56 [A][B][C][D]　57 [A][B][C][D]　58 [A][B][C][D]　59 [A][B][C][D]　60 [A][B][C][D]		
13[A][B][C][D]			
14[A][B][C][D]	61 [A][B][C][D]　62 [A][B][C][D]　63 [A][B][C][D]　64 [A][B][C][D]　65 [A][B][C][D]		
15[A][B][C][D]			
16[A][B][C][D]	66 [A][B][C][D]　67 [A][B][C][D]　68 [A][B][C][D]　69 [A][B][C][D]　70 [A][B][C][D]		
17[A][B][C][D]			
18[A][B][C][D]	71 [A][B][C][D]　72 [A][B][C][D]　73 [A][B][C][D]　74 [A][B][C][D]　75 [A][B][C][D]		
19[A][B][C][D]			
20[A][B][C][D]	76 [A][B][C][D]　77 [A][B][C][D]　78 [A][B][C][D]　79 [A][B][C][D]　80 [A][B][C][D]		

1 1 1	3 3 3 3		
21[A][B][C][D]			
22[A][B][C][D]	81 [A][B][C][D]　82 [A][B][C][D]　83 [A][B][C][D]　84 [A][B][C][D]　85 [A][B][C][D]		
23[A][B][C][D]			
24[A][B][C][D]	86 [A][B][C][D]　87 [A][B][C][D]　88 [A][B][C][D]　89 [A][B][C][D]　90 [A][B][C][D]		
25[A][B][C][D]			
26[A][B][C][D]	91 [A][B][C][D]　92 [A][B][C][D]　93 [A][B][C][D]　94 [A][B][C][D]　95 [A][B][C][D]		
27[A][B][C][D]			
28[A][B][C][D]	96 [A][B][C][D]　97 [A][B][C][D]　98 [A][B][C][D]　99 [A][B][C][D]　100 [A][B][C][D]		
29[A][B][C][D]	101　102　103　104　105		
30[A][B][C][D]	[A]_____　[A]_____　[A]_____　[A]_____　[A]_____		
31[A][B][C][D]	[B]_____　[B]_____　[B]_____　[B]_____　[B]_____		
32[A][B][C][D]	106　107　108　109　110		
33[A][B][C][D]	[A]_____　[A]_____　[A]_____　[A]_____　[A]_____		
34[A][B][C][D]	[B]_____　[B]_____　[B]_____　[B]_____　[B]_____		
35[A][B][C][D]	111 [A][B]　112 [A][B]　113 [A][B]　114 [A][B]　115 [A][B]		
36[A][B][C][D]	□　□　□　□　□		
37[A][B][C][D]			
38[A][B][C][D]	116 [A][B]　117 [A][B]　118 [A][B]　119 [A][B]　120 [A][B]		
39[A][B][C][D]	□　□　□　□　□		
40[A][B][C][D]			

听力理解录音材料

1—7

"秘书长先生,我们这里有很多尖锐的问题在等着您呢。"昨天中午在钓鱼台国宾馆,清华大学经济管理学院研究生于华对联合国秘书长安南发出了"挑战"。

"是吗?"秘书长先生笑着道,"小心,我也会给你们出难题的。"

在整个传统的新春佳节即将来临之际,联合国秘书长安南自 1997 年就任以来第四次访华。在紧张的 3 天访华日程中,他特地安排了一场与中国青年才俊的直面对话。

中午十一点半,秘书长如约来到钓鱼台国宾馆十二号楼,与等候在此的清华大学的十多位学生一一握手寒暄。

"我很高兴来这里与中国年轻人聊天,因为你们是明天的领导者,是新世纪的领导者。"安南说,"刚才,我了解到你们中的很多人都在读工商管理硕士,似乎现在的年轻人都想去赚钱的地方。可是,我希望你们在考虑自己未来的时候,也同样考虑到我们的政府部门、公共事业和非政府机构,这些社会领域也都需要你们这样的年轻人才。"

一位女同学答道:"秘书长先生,如果说,您的工作令世界更和平,那么我们的工作将使世界更富有,我想我们有一个共同目标,就是让这个世界更美好。"安南听后,频频微笑点头。

在回答如何看待中国所发生的变化的问题时,安南说:"我认为,中国的变化不仅是外观的,更重要的是人们对事物的看法和观念发生的转变,现在人们对外部世界有了一种更加开放的态度。所有这些变化都是积极的,我为中国的变化感到高兴。"

"秘书长先生,您认为中国将在未来世界发挥什么样的作用?"

安南说:"中国地大物博,人口众多,它将在本地区以及全世界继续发挥重要影响,成为未来国际政治的重要力量。"

话题越来越亲切,学生们的一个个问题让秘书长应接不暇。"联合国的改革将如何推进?""联合国如何面对信息时代发展中国家与发达国家间日益加大差距?""您如何平衡工作与生活?""您是否在大学时代就梦想成为联合国秘书长?"安南一一作答。安南认为不论今后选择什么样的职业,都要有高度的责任心,努力工作,并要学会与人合作相处。

不知不觉,谈话已经进行了近五十分钟,大大超过原定的半个小时。即将结束访华的安南秘书长与同学们合影留念,祝他们"新年好运",并表示期待着下次访华时去清华看看。

正如安南秘书长抵京时所说:希望作为联合国安理会常任理事国的中国,在联合国事务中发挥更大的作用,作为中华民族的未来接班人,莘莘学子不正是这种希冀的承托者么?

1. 联合国秘书长和中国学生的对话是在哪儿进行的?
2. 这次对话是什么时候进行的?
3. 来见秘书长的大多数学生是学什么专业的?

4. 一位女同学认为自己学的专业可以实现什么目标？

5. 秘书长认为中国发生的变化最主要的是什么？

6. 秘书长对学生提出的问题怎样对待？

7. 秘书长和学生的对话一共进行了多长时间？

8—11

北京吉普车已有近 50 年的生产历史了，其主要的部分是学习了当时苏联的设计。它的特点是价格便宜，结构简单。与国外高级和昂贵的吉普车比，它很适合中国人的经济情况和道路情况。

几十年来，北京吉普车遍布全国各地，从沿海城市到边远山区都能见到它。全国各地的汽车维修站都能找到它的零件，修理非常方便。北京吉普车公司骄傲地说："有路的地方就有北京吉普车，北京吉普车是中国数量最多的汽车。"不但如此，北京吉普车还出口到许多国家，特别是一些第三世界国家。

北京吉普车也有不少问题：粗糙笨重，耗油量大，开起来不舒服，毛病比较多。但是，由于它价格便宜和容易修理，还是值得买的。另一方面，生产厂家正在不断地改进技术和提高质量，相信它能继续受到中国人民的欢迎。

8. 北京吉普车开始生产于什么年代？

9. 北京吉普车所以受欢迎是因为：

10. 为什么在中国到处能见到北京吉普车？

11. 北京吉普车在中国继续受欢迎的原因是：

12—16

尊敬的农业部部长：

当您接到这封信时，是否会感到奇怪？我现在的心情很不平静！

这次暑假回乡，我耳闻目睹了一些事情，我觉得农村最为严重的问题，是耕地面积的急剧减少！

我家住在江苏省靖江县斜桥乡。靖江历来被称为"鱼米之乡"。可就在这里，也存在着可怕的土地危机！

耕地在逐年减少！

我走访了斜桥乡好几个村，得知：各村的人均耕地一般只有八分多，有两个村的人均耕地都不足七分。这到底是什么原因呢？后来经过调查，才知道除了我国人口增长过快以外，最根本的原因是因为"毁田建窑""占地筑屋""圈地建厂"等等。据报道，我国"六五"期间，全国耕地已有 3680 万亩被这样毁掉。

大量筑屋是造成耕地减少的一个重要原因。靖江县从 1982 年到 1986 年，每个行政村平均每年建房二三十栋，有的房建起来却没有人住。"六五"期间，农民新建住房已达 32 亿平方米！这要用多少良田啊！

建窑、建厂也是使耕地减少的一个原因。据《经济日报》记者调查，江苏淮阴市，就有 7300 多座砖瓦窑，占耕地近 6 万亩。此外，村办工厂也大量占用了土地。虽然建窑、办厂可在目前获得利润，但造成的后果却是毁了将来。

耕地减少的另一个原因就是坟丘数目的增多。全国较富的温州地区，坟丘数目之多、排场之大轰动全国。

部长同志，我们是一个以农业为主的国家，土地是我们农民立身之本。要建设具有中国特色的现代化,就不能丢掉土地这个根本。在调查中,我遇到了一个七十多岁的老农,他老泪纵横地呼喊:"盖房、建厂、修坟毁掉了我们多少耕地呵,叫我们怎么向后辈交待啊!"这是千百万农民的呼吁,这是土地的呼吁,部长同志,请听听这令人震颤的呼声吧!请采取必要的措施吧!

此致

敬礼

江苏扬州中学高二学生项飞
×年×月×日

12. 这位学生写信的时候为什么心情很不平静?
13. 靖江存在着什么危机?
14. 耕地减少的主要原因是什么?
15. 写信的人认为在农村办厂会带来什么后果?
16. 为什么土地是中国农民的根本?

17—20

甲:这几年你又当导演又当演员,影响也不小,你认为自己是个天才吗?

乙:哪儿有天才呀?我认为新人都是努力出来的。

甲:你认为影视圈里有没有与你不相上下或者实力相当的导演?

乙:应该说,中国现在没有好电影,当然,这是一个结果了,所以,我希望,有责任心的影视人和媒体好好探讨一下。其中最重要的原因是电影人的素质有问题。我想说的是,好导演不多,比较少。骗人的,有很多。

甲:作为一个电影人,你是怎样做到从观众的角度看待这种现状的?

乙:我一开始接触影视就有这样一动机,有些人演的什么呀,算了,我演

得了!我就去考戏剧学院,当了演员。我希望每个对中国电影状况不满的人,都可以挺身而出,这不是什么坏事,电影什么时候能出来一批这样的人,我觉得,可能会有意思一些。

17. 有名的导演和演员是怎样产生的?
18. 中国现在没有好电影的主要原因是什么?
19. 目前导演的现状如何?
20. 怎样才能改变影视的现状?

21—25

朱元璋在中国历史上是个很有名的人物,他带领广大农民起义,建立了明朝。关于朱元璋,在民间也流传着许多传说。安徽凤阳是朱元璋出生地,在那儿至今还传颂着许多有关朱元璋的歌谣,其中有一首的歌词是:"皇帝请客,四菜一汤,萝卜韭菜,着实甜香;小葱豆腐,意义深长,一清二白,贪官心慌。"

朱元璋原是个出身贫苦的人,了解民间疾苦,很想治一治腐败之风。一天,朱元璋对群臣说:"明天是皇后的生日,我准备在皇宫设宴,君臣同贺皇后寿诞。"众官员一听非常高兴,他们猜想皇上要用什么佳肴宴请他们。在宴会上,谁知上来的却是一大盆热气腾腾的红萝卜。这时,朱元璋一边夹着萝卜,一边笑着说:"萝卜为百药之本,民谚说:"萝卜进了城,药铺关了门。"我与皇后原大家百病全消。"接着上的第二道菜是炒韭菜,朱元璋说:"细细韭菜青又青,长治久安得人心。"说完又带头吃了起来。第三四道菜是两碗青菜,朱元璋又说:"两碗青菜青又青,两袖清风做良臣"。后来他还指着最后上来的那碗葱花豆腐汤说:"葱花豆腐青又白,公

正廉洁传万代。"平日不清不白的官员，知道皇上暗示的是什么，禁上住身上出了冷汗。

21. 朱元璋是个什么人？

22. 歌谣中的"四菜一汤"是做什么用的？

23. 朱元璋为什么要在皇宫设宴？

24. 这次宴会出乎谁的想像？

25. 宴会上出现上小葱和豆腐意味着什么？

第 二 部 分

说明:26—40题,请你听几段采访的实况录音。每段录音之后你将听到若干个问题,每个问题都有四个供选择的书面答案,请你从四个答案中选择唯一正确的答案。

26—31

记　者:一些报纸称你的新作《我是农民》这本书是你的"绝对隐私",你怎么看?

贾平凹:《我是农民》主要写的是我20岁以前真实的生活,可以说,它是我19年的人生经历和那段青春期艰难和贫穷的生活——痛苦、贫穷、单调。当然,在艰难和贫穷的生活里也有美好和快乐。我怀着对幸福的渴望走进了城市,毫不留情地告别生我养我的农村。当时我就想,我能够上大学,留在城市里,苦难应该离开我了,但是直到现在,我仍然没有摆脱它,也许这一辈子都离不开苦难了。我觉得这本书并不像那些报纸说的暴露"绝对隐私"。

记　者:你会不会接着写下去,把你上大学、工作、写作的这些经历写一本完整的自传?

贾平凹:在写本书的时候,我又快乐又忧伤,仿佛重新活了一次,温习自己当年的幻想。我还没有到写自传的时候。

记　者:在这本书里,你以一种平等的眼光和文字写道:"我读过许多关于知青的小说,那些城里的孩子离开了亲情,离开了舒适,到乡下去受许许多多的苦难,曾让我悲伤流泪。但我读罢又常常想:他们不应该到乡下来,我们就应该生在乡下吗? 一样的瓷片,有的贴在了灶台上,有的贴在了厕所里,将灶台上的拿来贴在厕所里,灶台上的呼天抢地,哪能听到厕所里的啜泣呢?"

贾平凹:我只是觉得委屈。回到了农村,我成了名副其实的农民,在农民里又属于知识青年。但是当我后来成为一名作家,而知青文学在相当长的时间里走红于中国文坛,我却没有写过一个字的知青文学作品。在大多数人的概念中,知青指那些原本住在城里,有着还算富裕的日子,突然敲锣打鼓地来到乡下当农民的那些孩子。我的家原本在乡下,本来就是农民。我当时多么羡慕这些知青啊,他们可以定期回城,他们带来了收音机、书、手电筒,还有饼干和水果糖。他们见识多,口才又好,敢偷鸡摸狗,敢几个人围着打我们一个。更丧人志气的,他们吸引村里最漂亮的姑娘,姑娘们在先选择了他们之后,才能轮到来选择我们。

记　者:写作这么多年,你一直以农民的视角观察着城市,这既成为了你在创作上的优势,也成为了你在描写城市生活时的劣处,以致于大家认为你只能写好反映农村生活的小说,一写到城市,就显得虚假和不真实,你自己怎么看?

贾平凹:对那些说法我是不服气的。我承认我对城市生活不如我对农村生活了解多。但是我所描写的城市西安,在中国也算是一个大城市了,它和北京、上海都不一样,它更加接近于乡村,我熟悉的城市人大多数都是一些从乡村来到城市这一阶层的人。

26．《我是农民》这本书是作者的绝对隐私吗?

27．贾平凹认为进入城市就脱离了苦难了吗?

28．《我是农民》是作者的自传吗?

29．贾平凹回到农村后写过知青文学吗?

30．什么是知青?

31．贾平凹认为自己善于反映什么生活?

32—35
问:杨教授,祝贺您成为英国诺丁汉大学第五任校长!

答:谢谢,我作为中国学者能出任英国诺丁汉大学校长,感到很荣幸。

问:您毕生的追求是什么?

答:为教育事业尽职尽力。

问:您认为教授的最高境界是什么?

答:育出英才。

问:作为科学家,您的最大愿望是什么?

答:有所发现。

问:作为校长,您最想做的头等大事是什么?

答:朝一流方向前进一步。

问:您能用一句话来概括您的人生哲学吗?

答:让祖国在世界上发出更灿烂的光辉。

问:如果您喜欢或欣赏一个晚辈人物,是用什么方式来表达?

答:给他(她)更大的信任,挑更重的担子。

问:您化解不愉快的事情的最好办法是什么?

答:"知足常乐"是对待某些不愉快的一

帖良药。

问：空闲时您最喜欢和谁在一起？

答：亲人和挚友。

问：您一身兼数职，您最喜欢的职业是什么？

答：当教师。

问：在教育、管理、科学、技术这四者中，您认为中国目前最需要重视什么？

答：教育。

问：如果要您对当代中国青年讲一句话，您最急于要讲的是什么？

答：要热爱祖国。

32．杨教授要去哪国任校长？

33．杨教授认为一个教授的最高境界是什么？

34．杨教授认为当校长的头等大事是什么？

35．杨教授认为什么是遇到不愉快的良药？

36—40

记　者：你当了凤凰卫视资讯台副台长，你的承诺有什么变化吗？

吴小莉：你是指我说的"大事发生时我在，有中国人的地方就有我。"这两句话吗？这是不会变的，我当了副台长，仍然是凤凰卫视主持人。

记　者：前一段有传闻说你想做妈妈了？

吴小莉：我也收到很多电话和来信，问我是不是去生孩子了？是不是离开了"凤凰"？我现在可以告诉大家，我并没有离开，一直在筹备资讯台。因为时间有限，除了重大采访外，我

把其他的时间都花在了资讯台上。

记　者：资讯台都播出什么内容？

吴小莉：它的特色是有大量的直播，24小时播报新闻和纯财经方面的新闻。每半小时就有整体播报，每晚8点至9点，有一个小时的"凤凰环球报播"，作为一天新闻盘点，这是惟一一个同时在欧洲、亚洲和美洲播出的频道。

记　者：你好像对新闻非常热衷？

吴小莉：曾经有个外国记者问我什么理由让我坚持做新闻，我告诉他，做新闻可以进入时事当中去和观众分享天下事。你会发现原来你有机会参与其中，做一个历史的见证人。我记得一个美国主持人在每天播报完新闻后说："晚安美国人，无论你在何方。"一个主持人能在每天结束时以这种方式向全国人道晚安，曾是我一直梦想的。现在，我终于也可以这样说了，只不过我们的节目在"欧亚美"三个洲播出，我不能说晚安，所以我会开心地说："无论你在何方，吴小莉祝全体华人平安。"

记　者：你现在不仅是副台长，还是新闻主播，你工作的职责范围怎样划分呢？

吴小莉：我主要做筹划工作，每天一到办公室就不断有人敲门来谈工作。晚上8点钟我要做"环

球播报"的主播,所以下午 6 点我要看香港新闻,7 点看台湾新闻,还要上网查资料,汇总出当天播出的新闻。我们同事都知道,下午 4 点吴小莉会在楼道里跑来跑去,千万不要出门,否则一定会撞上。

记　者:你工作这么多,如何保持精力充沛? 你的先生能理解吗?

吴小莉:我已经学会抓小时间放松自己。在台里我工作时间一般为八九个小时,一出差就要工作 16 个小时。不过,我会将周末给我的另一半,我们一起去爬山,如果有机会,我们会到外面去玩。前些日子他陪我去过深圳,换一个地方就会换一种心情。告诉你一个秘密,我这次来京要住上一阵子,是他帮我收拾的行李,他心很细,能把许多东西很有条理地放在一个包里。

记　者:你有没有感到精力透支过?

吴小莉:我有时心情会有起落,前年下半年非常忙,我抽时间到美国去留学,放松了一下子。不过做电视的人天生就是头脚峥嵘的,有一个好创意一夜睡不着。1995 年我在台湾时,亚视中文台刚开播,我急白了一根头发,当时我伤心得不得了,把它保存到现在。这次资讯台开播,我又急白了一根头发,又把它保存了起来。看来开一个台我就会急白一根头发。

36. 关于吴小莉前一段有什么传闻?

37. 现在吴小莉的精力主要放在哪儿?

38. 哪个频道是惟一一个同时在欧洲、亚洲和美洲播出的?

39. 吴小莉一直梦想什么?

40. 吴小莉急白了几根头发?

参 考 答 案

一、听力理解

1. C	2. B	3. D	4. B
5. A	6. C	7. D	8. A
9. C	10. A	11. C	12. B
13. C	14. B	15. C	16. A
17. B	18. C	19. D	20. C
21. B	22. B	23. C	24. B
25. D	26. C	27. B	28. C
29. D	30. A	31. B	32. D
33. C	34. B	35. A	36. B
37. C	38. D	39. A	40. C

二、阅读理解

41. 北京是历史古都	42. 明朝	43. 便宜坊
44. 全聚德	45. 是个聚合不散,全而不缺的好地方	
46. 烤鸭鲜嫩,肥而不腻	47. 会感到遗憾	48. 不一样
49. 更重视感情	50. 广州	51. 上海
52. 成都	53. 印度的样式	54. 魏晋南北朝
55. 讲究左右对称		

56. D	57. A	58. C	59. A
60. B	61. C	62. B	63. A
64. B	65. C	66. D	67. A
68. C	69. B	70. C	71. A
72. C	73. D	74. B	75. B
76. B	77. C	78. D	79. C
80. B			

三、综合表达

81. A	82. C	83. C	84. D
85. A	86. D	87. A	88. D
89. B	90. C	91. B	92. D
93. A	94. C	95. B	96. D
97. C	98. B	99. A	100. D
101. CBAD	102. BDCA	103. ACDB	104. CBAD
105. BDAC	106. DBAC	107. BACD	108. CBAD
109. ACBD	110. BDCA	111. 直	112. 于
113. 差	114. 面	115. 合	116. 起
117. 改	118. 占	119. 通	120. 降

HSK
中国汉语水平考试
[高　等]
作文试卷

考试要求

1. 考试题目:《自我介绍》
2. 书写要求:全部用汉字写(也可以用繁体字),每个空格写一个汉字。汉字书写要清楚工整。标点符号要正确,每个标点占一个空格。
3. 字数要求:400—600 字。
4. 书写格式:叙述体格式。
5. 考试时间:30 分钟。

HSK
中国汉语水平考试

[高　等]

口试试卷

一、朗读

　　中国传统的生活方式是"日出而作，日入而息"。人们祖祖辈辈生活在一个地方。生在这儿，长在这儿，死在这儿，埋在这儿。所以中国人很早就形成了一种故土难离的民族心里。人们一般不愿意背井离乡到外地去工作。即使在外面获得很大成就，让人羡慕的人，也还是常常怀念自己的家乡。在中国人看来，家乡无论多么贫穷落后，也总觉得家乡比别的地方好，甚至连月亮也是家乡的圆，这就是中国人的乡情！

　　历史从昨天起到今天，在中国大地发生了沧桑巨变，特别是进入改革开放的年代，人们的生活方式和价值观念都有了极大的变化，越来越多的人离开了家乡，也还有一些人走出国门,但是中国人的乡情却始终没有变。在外面无论是求学打工,还是经商搞科研,他们的共同之处是常常想家。在国外工作生活的中国人,不但想家乡,想亲友,更怀念中国的风土人情。生活在世界各地的华人,从来没忘记自己是炎黄子孙,许多人在国外生活了大半辈子,到了晚年,却仍然想着叶落归根。正如人们所说,乡情是剪不断的。

二、回答问题:
    1. 请介绍一位你最熟悉的朋友。
    2. 请谈谈你今后最想从事什么工作? 为什么?

考生须知

中国汉语水平考试 [HSK]答卷

[高等]

姓名	中文	
	英文	
试卷号码		

序号	[0] [1] [2] [3] [4] [5] [6] [7] [8] [9]
	[0] [1] [2] [3] [4] [5] [6] [7] [8] [9]
	[0] [1] [2] [3] [4] [5] [6] [7] [8] [9]
	[0] [1] [2] [3] [4] [5] [6] [7] [8] [9]
	[0] [1] [2] [3] [4] [5] [6] [7] [8] [9]

国籍/民族	
代号	[0] [1] [2] [3] [4] [5] [6] [7] [8] [9]
	[0] [1] [2] [3] [4] [5] [6] [7] [8] [9]
	[0] [1] [2] [3] [4] [5] [6] [7] [8] [9]

[A] ▆

性别	考点代号
□ 男	
□ 女	

答题要求
1. 用铅笔按规定填写
2. 汉字要写得清楚工整
3. 修改时要用橡皮擦干净

---

1 1 1 1

1 [A] [B] [C] [D]	9 [A] [B] [C] [D]	17 [A] [B] [C] [D]	25 [A] [B] [C] [D]	33 [A] [B] [C] [D]
2 [A] [B] [C] [D]	10 [A] [B] [C] [D]	18 [A] [B] [C] [D]	26 [A] [B] [C] [D]	34 [A] [B] [C] [D]
3 [A] [B] [C] [D]	11 [A] [B] [C] [D]	19 [A] [B] [C] [D]	27 [A] [B] [C] [D]	35 [A] [B] [C] [D]
4 [A] [B] [C] [D]	12 [A] [B] [C] [D]	20 [A] [B] [C] [D]	28 [A] [B] [C] [D]	36 [A] [B] [C] [D]
5 [A] [B] [C] [D]	13 [A] [B] [C] [D]	21 [A] [B] [C] [D]	29 [A] [B] [C] [D]	37 [A] [B] [C] [D]
6 [A] [B] [C] [D]	14 [A] [B] [C] [D]	22 [A] [B] [C] [D]	30 [A] [B] [C] [D]	38 [A] [B] [C] [D]
7 [A] [B] [C] [D]	15 [A] [B] [C] [D]	23 [A] [B] [C] [D]	31 [A] [B] [C] [D]	39 [A] [B] [C] [D]
8 [A] [B] [C] [D]	16 [A] [B] [C] [D]	24 [A] [B] [C] [D]	32 [A] [B] [C] [D]	40 [A] [B] [C] [D]

---

2 2 2 2

41	46	51
[A]	[A]	[A]
[B] _____	[B] _____	[B] _____
42	47	52
[A]	[A]	[A]
[B] _____	[B] _____	[B] _____
43	48	53
[A]	[A]	[A]
[B] _____	[B] _____	[B] _____
44	49	54
[A]	[A]	[A]
[B] _____	[B] _____	[B] _____
45	50	55
[A]	[A]	[A]

56 [A] [B] [C] [D]	61 [A] [B] [C] [D]	66 [A] [B] [C] [D]	71 [A] [B] [C] [D]	76 [A] [B] [C] [D]
57 [A] [B] [C] [D]	62 [A] [B] [C] [D]	67 [A] [B] [C] [D]	72 [A] [B] [C] [D]	77 [A] [B] [C] [D]
58 [A] [B] [C] [D]	63 [A] [B] [C] [D]	68 [A] [B] [C] [D]	73 [A] [B] [C] [D]	78 [A] [B] [C] [D]
59 [A] [B] [C] [D]	64 [A] [B] [C] [D]	69 [A] [B] [C] [D]	74 [A] [B] [C] [D]	79 [A] [B] [C] [D]
60 [A] [B] [C] [D]	65 [A] [B] [C] [D]	70 [A] [B] [C] [D]	75 [A] [B] [C] [D]	80 [A] [B] [C] [D]

---

3 3 3 3

81 [A] [B] [C] [D]	85 [A] [B] [C] [D]	89 [A] [B] [C] [D]	93 [A] [B] [C] [D]	97 [A] [B] [C] [D]
82 [A] [B] [C] [D]	86 [A] [B] [C] [D]	90 [A] [B] [C] [D]	94 [A] [B] [C] [D]	98 [A] [B] [C] [D]
83 [A] [B] [C] [D]	87 [A] [B] [C] [D]	91 [A] [B] [C] [D]	95 [A] [B] [C] [D]	99 [A] [B] [C] [D]
84 [A] [B] [C] [D]	88 [A] [B] [C] [D]	92 [A] [B] [C] [D]	96 [A] [B] [C] [D]	100 [A] [B] [C] [D]

101	103	105	107	109
[A]	[A]	[A]	[A]	[A]
[B] -----	[B] -----	[B] -----	[B] -----	[B] -----
102	104	106	108	110
[A]	[A]	[A]	[A]	[A]
[B] -----	[B] -----	[B] -----	[B] -----	[B] -----

111	113	115	117	119
[A] [B]	[A] [B]	[A] [B]	[A] [B]	[A] [B]

112	114	116	118	120
[A] [B]	[A] [B]	[A] [B]	[A] [B]	[A] [B]

中国   北京   国家汉语水平考试委员会办公室 G850264

158

考生特别注意事项

1．报名时需要带什么？

报名时必须要有护照或身份证、两张相片和报名考试费。

2．考试时需要带什么？

考生参加考试时必须带：①护照或居留证；②准考证；③铅笔。如果没带准考证或身份证件（护照或居留证），不能参加考试。中国少数民族考生要带居民身份证。

3．准考证有什么用？

准考证是参加考试时进入考场的证件，考试以后考生要继续保存。领取 HSK 成绩、查询 HSK 成绩和补办 HSK 成绩单时必须有准考证。

4．可以用写信的办法报名吗？

可以。考生写信报名时要寄两张照片，写明自己的简历，通过邮局汇款。等考生到达考试地点后，再亲自去取准考证。

5．HSK 证书丢了怎么办？

因为考生自身原因而丢失证者，不能再补办证书。

6．有时收不到成绩单是什么原因？

考生收不到成绩单，可能因下述原因：考生代号填写错误；答卷填写得不规范；通讯地址写得不清楚等。另外，考生作弊，将被取消考试资格，也会收不到成绩单。凡因考生自己的原因，收不到成绩单者，考点概不负责。

7．HSK 热线服务：

26856678——咨询、查分、动态信息发布。

中国汉语水平考试(HSK)说明

中国汉语水平考试(HSK)是为测试母语非汉语者(包括外国人、华侨和中国国内少数民族人员)的汉语水平而设立的国家级标准化考试。中国汉语水平考试(HSK)由北京语言文化大学汉语水平考试中心设计研制,包括基础汉语水平考试〔简写为 HSK(基础)〕,初、中等汉语水平考试〔简写为 HSK(初、中等)〕和高等汉语水平考试〔简写为 HSK(高等)〕。中国汉语水平考试(HSK)每年定期在中国国内和海外举办,凡考试成绩达到规定标准者,可获得相应等级的《汉语水平证书》。

中国教育部设立国家汉语水平考试委员会,该委员会全权领导汉语水平考试,并颁发汉语水平证书。委员会下设办公室,称国家汉语水平考试委员会办公室,和北京语言文化大学汉语水平考试中心共同负责 HSK 的考务工作。

1. HSK 的适用对象

HSK(基础)适用于具有基础汉语水平的汉语学习者,也就是接受过 100—800 学时现代汉语正规教育的学习者(包括具有同等学力者)。HSK(初、中等)适用于具有初等和中等汉语水平的汉语学习者,也就是接受过 400—2000 学时现代汉语正规教育的学习者(包括具有同等学力者)。HSK(高等)适用于具有高等汉语水平的汉语学习者,也就是接受过 3000 学时和 3000 学时以上的现代汉语正规教育的学习者(包括具有同等学力者)。

2.《汉语水平证书》的效力

(1) 作为达到进中国高等院校入系学习专业或报考研究生所要求的实际汉语水平的证明。

(2) 作为汉语水平达到某种等级或免修相应级别汉语课程的证明。

(3) 作为聘用机构录用汉语人员的依据。

3. 主办单位和发证机关

HSK 的主办单位是国家汉语水平考试委员会。

具体事务由国家汉语水平考试委员会办公室和北京语言文化大学汉语水平考试中心负责。

4. 考试时间和考点

(1) 中国国内考试时间、考点

● HSK(基础)

① 时间:每年 5 月的第 2 个周日,上午 9:00

考点:北   京   北京语言文化大学汉语水平考试中心

　　　　天　　津　南开大学汉语言文化学院
　　　　上　　海　复旦大学国际交流学院
　　　　广　　州　暨南大学华文学院
　　　　厦　　门　福建华侨大学(集美)中国语言文化学校
　　　　成　　都　四川大学对外汉语教学中心
② 时间:每年 12 月的第 3 个周日,上午 9:00
　　考点:北　　京　北京语言文化大学汉语水平考试中心
　　　　天　　津　南开大学汉语言文化学院
　　　　上　　海　复旦大学国际交流学院
　　　　广　　州　暨南大学华文学院

● HSK(初、中等)

① 时间:每年 5 月的第 2 个周日,上午 9:00
　　考点:北　　京　北京语言文化大学汉语水平考试中心
　　　　　　　　　北京大学对外汉语教学中心
　　　　　　　　　北京第二外国语学院国际交流学院
　　　　　　　　　北京外国语大学国际交流学院
　　　　　　　　　中央民族大学教务处(少数民族)
　　　　　　　　　国际青年研修大学
　　　　　　　　　北京外交人员语言文化中心
　　　　　　　　　北京教育考试院社会考试办公室
　　　　　　　　　中国国际技术智力合作公司培训中心
　　　　　　　　　北京外企服务集团有限责任公司培训中心
　　　　上　　海　复旦大学国际交流学院
　　　　　　　　　华东师范大学国际中国文化学院
　　　　　　　　　上海外国语大学海外考试中心
　　　　天　　津　南开大学汉语言文化学院
　　　　大　　连　大连外国语学院汉学院
　　　　武　　汉　武汉大学对外汉语教学中心
　　　　南　　京　南京大学海外教育学院
　　　　广　　州　中山大学外语学院对外汉语教学中心
　　　　　　　　　暨南大学华文学院
　　　　西　　安　西安外国语学院汉学院
　　　　昆　　明　云南省教委外事处
　　　　长　　春　东北师范大学对外汉语教学中心

济　　南　山东大学国际教育交流学院
厦　　门　福建华侨大学(集美)中国语言文化学校
哈 尔 滨　黑龙江大学国际文化交流学院
桂　　林　广西师范大学国际交流处
成　　都　四川大学对外汉语教学中心
沈　　阳　辽宁大学外国留学生院
郑　　州　郑州大学文化与传播学院
乌鲁木齐　新疆财经学院汉语水平考试办公室(少数民族)
杭　　州　杭州大学国际文化交流学院
青　　岛　青岛大学国际交流学院
南　　宁　广西民族学院国际交流处
长　　沙　湖南师范大学对外汉语教学部
延　　吉　吉林省延吉州汉语水平考试办公室(少数民族)
西　　宁　青海师范大学教务处(少数民族)
呼和浩特　内蒙古师范大学教务处(少数民族)

② 时间:每年7月的第2个周日,上午9:00
　考点:北　　京　北京语言文化大学汉语水平考试中心
　　　　　　　　　北京第二外国语学院国际交流学院
　　　　　　　　　国际青年研修大学
　　　　　　　　　中国国际技术智力合作公司培训中心
　　　　　　　　　北京外企服务集团有限责任公司培训中心
　　　　上　　海　复旦大学国际交流学院
　　　　　　　　　华东师范大学国际中国文化学院
　　　　　　　　　上海外国语大学海外考试中心
　　　　天　　津　南开大学汉语言文化学院
　　　　长　　春　东北师范大学对外汉语教学中心
　　　　青　　岛　青岛大学国际交流学院
　　　　广　　州　暨南大学华文学院
　　　　沈　　阳　辽宁大学外国留学生院
　　　　南　　京　南京大学海外教育学院
　　　　成　　都　四川大学对外汉语教学中心
　　　　西　　安　西安外国语学院汉学院
　　　　杭　　州　杭州大学国际文化交流学院
　　　　哈 尔 滨　黑龙江大学国际文化交流学院

③ 时间:每年12月的第3个周日,上午9:00

162

考点:北　　京　北京语言文化大学汉语水平考试中心

北京第二外国语学院国际交流学院

北京外国语大学国际交流学院

中国国际技术智力合作公司培训中心

北京外企服务集团有限责任公司培训中心

天　　津　南开大学汉语言文化学院

上　　海　复旦大学国际交流学院

华东师范大学国际中国文化学院

上海外国语大学海外考试中心

广　　州　暨南大学华文学院

南　　京　南京大学海外教育学院

厦　　门　福建华侨大学(集美)华文教育中心

沈　　阳　辽宁大学外国留学生院

长　　春　东北师范大学对外汉语教学中心

大　　连　大连外国语学院汉学院

西　　安　西安外国语学院汉学院

杭　　州　杭州大学国际文化交流学院

济　　南　山东大学国际教育交流学院

武　　汉　武汉大学留学生教育学院

哈 尔 滨　黑龙江大学国际文化交流学院

青　　岛　青岛大学国际交流学院

④ 时间:每年12月的第2个周日,上午9:00

考点:乌鲁木齐　新疆财经学院汉语水平考试办公室

● HSK(高等)

① 时间:每年5月的第4个周日,上午9:00

地点:北京语言文化大学汉语水平考试中心

② 时间:每年5月的第2个周六,上午9:00

考点:上　　海　复旦大学国际交流学院

华东师范大学国际中国文化学院

上海外国语大学海外考试中心

广　　州　广州暨南大学华文学院

长　　春　东北师范大学对外汉语教学中心

天　　津　南开大学汉语言学院

南　　京　南京大学海外教育学院

大　　连　大连外国语学院汉学院
沈　　阳　辽宁大学外国留学生院
青　　岛　青岛大学国际交流学院
西　　安　西安外国语学院汉学院
③ 时间:每年5月的第3个周日上午9:00
　考点:新疆财经学院汉语水平考试办公室
● 香港:①香港城市大学专业进修学院
　　　　②香港普通话培训测试中心
　澳门:澳门理工学院
　　　（具体考试时间、收费标准,请向考点咨询）
(2) 海外考试时间和考点
　考点:日　　本　东京、大阪、京都、名古屋、福冈、神户、广岛、扎幌、金泽
　　　　新 加 坡　新加坡
　　　　澳大利亚　墨尔本、悉尼
　　　　加 拿 大　蒙特利尔、温哥华、埃德蒙顿、伦敦市、多伦多
　　　　韩　　国　汉城、大邱
　　　　德　　国　汉诺威
　　　　法　　国　巴黎、波尔多、马赛、雷恩
　　　　意 大 利　米兰、威尼斯
　　　　菲 律 宾　马尼拉
　　　　马来西亚　吉隆坡
　　　　泰　　国　曼谷、喃邦
　　　　英　　国　伦敦
　　　　俄 罗 斯　莫斯科、符拉迪沃斯托克(海参崴)
　　　　越　　南　胡志明市、河内
　　　　亲 西 兰　奥克兰、惠灵顿、基督城
　　　　美　　国　密西根、休斯顿、纽约
　　　　芬　　兰　于维斯屈来
　　　　奥 地 利　维也纳
　　　　瑞　　典　隆德
　　　　丹　　麦　奥尔糊斯
　　　　比 利 时　根特
　　　　匈 牙 利　布达佩斯
考试时间由各考点另告,通讯地址请看海外考点通讯录。

5. 报名手续

(1) 报名时考生需持两张小二寸(40mm×30mm)免冠照片和带照片的本人身份证件(护照或居留证)。

(2) 报名时考生须交一定数额的考试费和报名费。中国国内,HSK(基础):200 元人民币(包括 70 元报名费);HSK(初、中等):250 元人民币(包括 70 元报名费);HSK(高等):400 元人民币(包括报名费和阅卷费 150 元)。(国外考试费用及国内少数民族考试费用由各考点另告)。考试费和报名费一律不退,报名费中包括邮费。考生因自身无法克服的原因,不能按时参加考试时,需在考试前向考点声明,经考点签字盖章后,可保留该生一次考试机会。该生下次考试时只交报名费,免交考试费。

(3) 考生不在考场所在地时,可用信函方式报名。考生应在报名截止日期一周以前将身份证件复印件、简历(姓名、性别、国籍、出生年月日)、详细通讯地址、两张小二寸免冠照片等用挂号信寄到考点报名处,并通过邮局将报名考试费寄给考点报名处。考点一般不接受电话报名。准考证则等考生到达考试地点后亲自领取。

(4) 报名后,各考点发给考生准考证和《中国汉语水平考试考生手册》,考生应按准考证上填写的时间、地点参加考试。

6. 考前准备

HSK 是以测量一般语言能力为目的的标准化考试,它不以任何特定教材或特定教程的内容为依据,所以考生无须按特定教材的内容准备考试。为了了解 HSK 所要求的汉语水平和考试方式,考生要认真阅读《汉语水平考试大纲》(各考点有售)。该大纲是备考的指导用书,书中有 HSK 介绍、HSK 样题、样题答案和 HSK 词汇一览表,并配有听力考试样题录音带。

考试前,考生必须持准考证和带照片的个人身份证件(身份证、护照或居留证)入场。证件不全者,不能入场。遗失准考证的考生,补办准考证后(补办时需交手续费),才能入场。录音机、照相机、词典、笔记本、教科书及其他与考试无关的用品请不要带入考场。入场时请关闭手机、呼机。

考生迟到在 5 分钟内(从听力理解考试开始算起),可进入考场应试;迟到 5 分钟至 35 分钟者,可待下一项进行时参加考试,所误时间不补;迟到超过 35 分钟者取消考试资格。

7. 考试中的注意事项

(1) 进入考场后,考生须将准考证和身份证件放在桌子的右上方,以备主考人随时检查;考生的一切活动都应听从主考人的指令。

(2) HSK(基础)考试时间约为 135 分钟;HSK(初、中等)考试时间约为 145 分钟,中间没有休息;HSK(高等)考试时间约为 180 分钟,在笔试后,休息 10 分钟。考试中途一般不得离场,如有特殊原因,考生需要中途离场,须经主考同意。

(3) HSK 严格控制考试时间,考生不能跨区做题,即:应在规定的时间做规定的题目,不能提前做,也不能过了时间再回头补做。

(4) 考生不能把试卷和答卷纸带出考场。

(5) 考生应遵守考试规则,违反者将由主办单位给以警告直至取消考试资格的惩处。

(6) 在回答问题以前,考生应根据本人准考证上的内容在答卷上填写姓名(包括中文和英文)、试卷号码、国籍/民族及代号、考点代号和序号,在性别栏里做出正确选择并画一横道。试卷号码在试卷封面的右上角;国籍/民族代号是考试中心为每个国家或民族编排的固定编码,每次考试都一样。如日本是"525"、法国是"610"等;序号是指考生报名顺序号;考点代号是指考生报名参加考试所在地点的编号。例如:考生木村由子的 HSK 准考证:

填写时,应先把相应数字写在每行左侧的空格内,然后在右侧相应的数字上画一横道。横道要画成[▬]这样。

HSK 准考证

姓名	中文	木村由子
	英文	CARL LNDA

序号	0	▬	[1]	[2]	[3]	[4]	[5]	[6]	[7]	[8]	[9]
	0	▬	[1]	[2]	[3]	[4]	[5]	[6]	[7]	[8]	[9]
	8	[0]	[1]	[2]	[3]	[4]	[5]	[6]	[7]	▬	[9]
	4	[0]	[1]	[2]	[3]	▬	[5]	[6]	[7]	[8]	[9]
	1	[0]	▬	[2]	[3]	[4]	[5]	[6]	[7]	[8]	[9]

国籍/民族	日　本										
代号	5	[0]	[1]	[2]	[3]	[4]	▬	[6]	[7]	[8]	[9]
	2	[0]	[1]	▬	[3]	[4]	[5]	[6]	[7]	[8]	[9]
	5	[0]	[1]	[2]	[3]	[4]	▬	[6]	[7]	[8]	[9]

[A] [B]

性　别	
▬	男
▭	女

考点代号		
1	0	1

考试时间	20010513(2001 年 5 月 13 日上午 9:00)	照　片 (盖　章)
考试地点	北京语言文化大学主楼南侧三层听力室	
考场号码	第 1 考 场	
考生须知	1. 凭准考证和本人身份证件进入考场。 2. 此证不得转让,遗失不补。 3. 考生自带铅笔。 4. 与考试无关的用品(如书包、课本等)不要带入考场。 5. 准时入场。迟到 5 分钟以上,待下一项考试开始时入场;迟到超过 35 分钟取消考试资格。	备注:

(7) 回答问题时,应该在表示正确答案的字母上画上横道。横道要画成[▬]这样。

请考生注意:因为是光电阅读机阅卷,横道一定要画得粗一些,重一些,否则阅读机难以识别,凡因考生没有按规定填写、涂画答卷,其成绩受到影响,责任由考生自负。

8.《汉语水平证书》和成绩单的发放

汉语水平证书及成绩单两个月内由考试主办单位寄往各考点承办单位或考生本人。

考试主办单位保留证书和成绩单的时间为三个月,直接来考试主办单位领取证书和成绩单者,若考试后三个月内不来领取,主办单位不再保留。

9. 补发成绩单的规定

因联系学校需补办成绩单者,可在考试成绩有效期之内持准考证前来北京语言文化大学汉语水平考试中心考务办公室办理补办手续。办手续时须交一定数额的手续费、成本费。

10.《汉语水平证书》的有效期

《汉语水平证书》长期有效。HSK 成绩作为外国留学生来华入中国高等院校学习的证明,其有效期为两年(自考试当日算起)。

11. 咨询与服务

北京语言文化大学汉语水平考试中心为海内外人士提供有关 HSK 的咨询、服务。各考点备有样题、《考试大纲》及磁带等资料,考生可前往购买,作为考试参考。

地　　址:北京市海淀区学院路 15 号

通讯地址:北京语言文化大学汉语水平考试中心

邮　　编:100083

电　　话:(010)82303672,(010)82303962

传　　真:(008610)82303901

E-mail:HSK2 @ blcu. edu. cn　　　　HSK1 @ blcu. edu. cn

Homepage. http://www. hsk. org. cn　　　http://www. blcu. edu

联 系 人:彭恒利、柴省三　　(考务办公室)

26856678 汉语水平考试热线服务:
　　　　咨询、考试查分、动态信息发布

高 等 汉 语 水 平 考 试
〔HSK(高等)〕介绍

高等汉语水平考试〔HSK(高等)〕适用于具有高等汉语水平的汉语学习者,凡掌握 5000－8000 汉语常用词(甲、乙、丙、丁四级常用词),和与之相应的语法项目(甲、乙、丙、丁四级语法项目)的汉语学习者,均适于参加高等汉语水平考试。

一、高等《汉语水平证书》的效力

(1) 作为到中国高等院校报考研究生所要求的实际汉语水平的证明。

(2) 作为汉语达到某种等级或免修相应级别的汉语课程的证明。

(3) 作为达到从事以汉语为交际工具的一般性工作的合格标准的证明。

二、HSK(高等)的分数体系

(1) HSK(高等)分数的说明

HSK(高等)单项分数是一个以 50 为平均数,15 为标准差的量表分。这些分数反映出应考者在 HSK 标准样组中的相对位置。对照下表可以知道考生在全体中的相对位置。下行是低于相对应分数的考生在 HSK 标准参照样组中所占的百分比。

HSK 单项分	100	69	63	58	54	50	46	42	37	31
百 分 比	100	90	80	70	60	50	40	30	20	10

(2) HSK(高等)证书等级与分数等级一览表

证书等级		分数等级	等 级 分 数 范 围					
等第	级别		听力	阅读	综合	作文	口试	总分
高等证书		底线*	46－57	42－53	42－53	46－57	44－55	220－279
	C	9	58－69	54－65	54－65	58－69	66－67	280－339
	B	10	70－81	56－77	66－77	70－81	68－79	340－399
	A	11	82－100	78－100	78－100	82－100	80－100	400－500

* HSK(高等)等级分数在合格线(C 级)以下设有分数底线。设立分数底线主要出于获证条件之需要,HSK(高等)只具有鉴别高等水平的效力,不具有鉴别初、中等水平的效力,因此考生成绩达到分数底线,对于鉴别初、中等水平不具有任何意义。

三、HSK(高等)分数等级说明

中国汉语水平考试(HSK)的分数等级共分 11 级,9－11 级为高等水平。下面是 HSK

(高级)的分数说明：

9 级　具有高等(低)汉语能力，这是从事以汉语为交际工具的一般性工作的合格(低)标准。这一标准同时又是获取高等《汉语水平证书》C 级的标准。

10 级　具有高等(中)汉语能力，这是从事以汉语为交际工具的一般性工作的合格(中)标准。这一标准同时又是获取高等《汉语水平证书》B 级的标准。

11 级　具有高等(高)汉语能力，这是从事以汉语为交际工具的一般性工作的合格(高)标准，亦可视作达到中级翻译水平。这一标准同时又是获取高等《汉语水平证书》A 级的标准。

四、高等《汉语水平证书》获证条件

(1) 总分必须达到与证书等级相对应的等级分数。

(2) 五个单项分中听力、阅读、作文和口试四项，必须有三项达到相对应的等级分数。

(3) 五个单项分中，允许有两项低于相对应的等级分数(听力、阅读、作文和口试四项中，只允许有一项低于相对应的等级分数)，但降低幅度均不得超过 1 级，如果超过 1 级，只能得到低一个档次的证书。

(4) 五个单项分中，不能有任何一项低于 C 级以下的分数底线。

五、HSK(高等)的考试内容和时间

高等汉语水平考试〔HSK(高等)〕由相对独立的三套试卷构成：①120 题笔试(客观性试题)；②作文考试；③口语考试。其中 120 题的笔试部分由听力理解、阅读理解和综合表达三部分构成。每部分问题只能在规定的时间内完成，不能跨区做题。试卷构成及时间如下：

①笔试(客观性试题)120 题，时间共 105 分钟左右。

　　1. 听力理解，40 题，时间约 25 分钟。

　　2. 阅读理解

　　　　第一部分，15 题，时间 15 分钟。

　　　　第二部分，25 题，时间 25 分钟。

　　3. 综合表达，40 题，40 分钟。

上述 120 题的笔试部分考试结束后，休息 10 分钟，然后进行作文考试和口语考试。

②作文考试，时间 30 分钟。

③口语考试，准备，10 分钟，考试(录音)10 分钟，共 20 分钟。

《汉语水平证书》的发放和有效期

(1) 汉语水平证书及成绩单两个月内由考试主办单位寄往各考点或承办单位,再由考点或承办单位寄给考生本人或考生自己到报名处领取。

(2) 《汉语水平证书》长期有效。HSK 成绩作为外国留学生来华入中国高等院校学习的证明,其有效期为两年(从考试当日算起)。

考 试 日 期

一、中国国内考试日期

基础汉语水平考试〔HSK(基础)〕在中国国内的考试日期为每年 1 月的第 2 个周日下午 2:30(北京时间)和每年 5 月的第 4 个周日下午 2:30(北京时间)。

初中等汉语水平考试〔HSK(初中等)〕在中国国内的考试为三次,分别是:

1. 每年 1 月的第 2 个周日上午 9:00(北京时间)。

2. 每年 5 月的第 4 个周日上午 9:00(北京时间)。

3. 每年 7 月 25 日上午 9:00(北京时间)。

高等汉语水平考试〔HSK(高等)〕在中国国内的考试为每年一次,即每年 5 月的第 2 个周日上午 9:00(北京时间)。

二、海外考试日期

中国汉语水平考试(HSK)每年在海外的考试日期由中国国家汉语水平考试委员会办公室与海外各承办单位商定(详细情况请参照《考生手册》)。

申请参加 HSK

迄今为止中国汉语水平考试(HSK)已在日本、韩国、新加坡、加拿大、美国、澳大利亚、德国、法国、意大利、菲律宾、马来西亚、泰国、俄罗斯、英国、越南、新西兰和澳门地区等 17 个国家和地区设立考点(具体通讯地址请参考《考生手册》);中国国内已在北京、上海、天津、广州、南京、哈尔滨、长春、沈阳、大连、济南、青岛、西安、武汉、成都、杭州、南宁、厦门、桂林、昆明、乌鲁木齐和香港设立考点(具体通讯地址请参考《考生手册》),以后还将陆续在国内外设立新的考点,考生可根据自己的情况就近报名参加考试,报名时请注意:

(1) 考生需备两张小二寸(40mm×30mm)免冠照片和带照片的本人有效身份证件(护照或居留证)。

(2) 报名时要交一定数额的考试费和报名费(具体数额可向各考点咨询),考试费和报名费一律不退。报名后考生因自身无法克服的原因,不能按时参加考试时,需在考前向考点声明,考点将为考生保留一次考试机会。下次考试时只交报名费,免交考试费。

(3) 考生不在考场所在地时,可通过信函报名。信函报名时,需提供护照复印件,个人简历(中英文姓名、国籍、性别、通讯地址)两张照片,并需通过邮局汇款。报名后,各考点发给考生"HSK 准考证"和《中国汉语水平考试考生手册》(免费)。考生应严格按照"HSK 准考证"上填写的时间、地点参加考试。

(4) 请考生认真阅读《中国汉语水平考试考生手册》,其中有许多重要的信息将帮助考生了解 HSK。

(5) 各考点备有《中国汉语水平考试大纲》、样卷和相应的听力录音磁带,考生可选择购买。

参加考试时

1．考生参加考试时必须携带

①HSK 准考证 ②护照或居留证③铅笔和橡皮。

2．其它与考试无关的材料不能带入考场。

信 息 咨 询

中国汉语水平考试(HSK)不以营利为目的,欢迎国内外学术团体、科研机构、高等院校和其它有兴趣推广汉语水平考试的汉语教学机构承办中国汉语水平考试。凡要求承办 HSK 的海内外高等院校或学术团体,须具备下列四个条件:

1．**学术性**:承办单位应在学术界具有较大影响和权威地位。

2．**公开性**:承办 HSK 不能仅面对局部或某一团体,而是应该面向全社会,吸引各界前来参加考试。

3．**公益性**:举办 HSK 是一项公益事业,不能把它纳入商业范畴,即不以营利为目的。

4．**承办单位还须准备合格的考场**:HSK 的考场必须宽敞、整洁、明亮、安静,备有电教设备;须有专职的考务工作人员,工作人员须懂汉语。

联系地址和电话

国家汉语水平考试委员会办公室

邮编:100083

电话:(＋＋8610) 62329579

传真:(＋＋8610) 62311093

北京语言文化大学汉语水平考试中心

邮编:100083

电话:(＋＋8610) 62317150

传真:(＋＋8610) 62311037

E-mail:HSK1@blcu. edu. cn

　　　　HSK2@blcu. edu. cn

Homepage:http://WWW. hsk. org. cn

中国汉语水平考试(HSK)
国内考点通讯录

1. 北京语言文化大学汉语水平考试中心
   电话:82303672,82303962
   传真:(010)82303901
   邮编:100083
2. 北京大学对外汉语教学中心
   电话:62751916,62754122
   传真:(010)62757249
   邮编:100871
3. 北京外国语大学国际交流学院
   电话:68428140,68917812
   传真:(010)68428140
   邮编:100081
4. 北京第二外国语学院国际文化交流学院
   电话:65778561,65778562
   传真:(010)65762520
   邮编:100024
5. 中央民族大学教务处(北京)
   电话:68932404,68933439,68932439
   传真:(010)68421862
   邮编:10081
6. 国际青年研修大学(北京)
   电话:64663311-3601、3607,64664803
   传真:(010)64664817
   邮编:100016
7. 北京外交人员语言文化中心
   电话:65323005,65324303,65325639
   传真:(010)65325638
   邮编:100027
8. 北京教育考试院社会考试办公室
   电话:62259995,62273624

传真:62259997

邮编:100081

9. 中国国际技术智力合作公司培训中心

电话:65886021/22/23

传真:(010)65886026

邮编:100020

10. 北京外企服务集团有限责任公司培训中心

电话:65026180,65088287

传真:(010)65946062

邮编:100020

11. 南开大学汉语言文化学院(天津)

电话:23508706,23505902

传真:(022)23501687

邮编:300071

12. 复旦大学国际交流学院(上海)

电话:65642256,65117628

传真:(021)65117298

邮编:200433

13. 华东师范大学国际中国文化学院(上海)

电话:62863896,62232227

传真:(021)62864922

邮编:200062

14. 上海外国语大学海外考试中心

电话:65311900-2584,65170937

传真:(021)65422002

邮编:200083

15. 中山大学外语学院对外汉语教学中心(广州)

电话:84113110

传真:(020)84110233

邮编:510275

16. 暨南大学华文学院(广州)

电话:87205925,87714202-3606

传真:(020)87723598

邮编:510610

17. 南京大学海外教育学院

电话:3593586,3593585
　　传真:(025)3316747
　　邮编:210008
18. 西安外国语学院汉学院
　　电话:5309600,5309431
　　传真:(029)5246154
　　邮编:710061
19. 武汉大学留学生教育学院
　　电话:87682209,87863154
　　传真:(027)87863154
　　邮编:430072
20. 四川大学对外汉语教学中心(成都)
　　电话:5412813
　　传真:(028)5406439
　　邮编:610064
21. 浙江大学国际教育学院
　　电话:7951386,7951718
　　传真:(0571)7951755
　　邮编:310028
22. 云南省教委外事处(昆明)
　　电话:5141238
　　传真:(0871)5141355
　　邮编:650223
23. 福建华侨大学(集美)中国语言文化学校(厦门)
　　电话:6068014
　　传真:(0592)6068002,6068014
　　邮编:361021
24. 广西民族学院国际交流处(南宁)
　　电话:3260111,3260237
　　传真:(0771)3262052
　　邮编:530006
25. 广西师范大学国际交流处(桂林)(桂林市育才路 15 号)
　　电话:5850311,5850305
　　传真:(0773)5812383
　　邮编:541004

26. 山东大学国际教育交流学院(济南)

电话:8564501

传真:(0531)8565623

邮编:250100

27. 青岛大学国际交流学院

电话:5893863,5895944-8317

传真:(0532)5894822

邮编:266071

28. 东北师范大学对外汉语教学中心(长春)

电话:5685722

传真:(0431)5683784

邮编:130024

29. 辽宁大学外国留学生院(沈阳)

电话:86725296,86736341

传真:(024)86843356

邮编:110036

30. 大连外国语学院汉学院

电话:2801297

传真:(0411)2648152

邮编:116002

31. 黑龙江大学国际文化教育学院(哈尔滨)

电话:6608417

传真:(0451)6665470

邮编:150080

32. 郑州大学文化与传播学院

电话:7763109,7762735

传真:(0371)7970475

邮编:450052

33. 湖南师范大学对外汉语教学部

电话:8872250 8872245

传真:(0731)8854711

邮编:410081

34. 新疆财经学院汉语水平考试办公室(少数民族)(乌鲁木齐)

电话:3716811-2145、2146

传真:(0991)3716811-2146

邮编:830012

35．青海师范大学教务处(少数民族)(西宁)
电话:6307630,6307627
传真:(0971)6135591
邮编:810008

36．内蒙古师范大学教务处(少数民族)(呼和浩特)
电话:4964444-2501、2303
传真:(0471)4964887
邮编:010022

37．吉林省延边州汉语水平考试办公室(少数民族)(延吉市光华路50号)
电话:2813934-1
传真:(0433)2813934-7
邮编:133000

38．香港城市大学专业进修学院
电话:(00852)27889406
传真:(00852)27887088

39．香港大学普通话培训测试中心
电话:(00852)28578330,28578329
传真:(00852)25409409

40．澳门理工学院
电话:(00853)5981157
传真:(00853)526535

中国汉语水平考试(HSK)
海外考点通讯录

一、日本

1. 东日本事务局

   承办单位:日本青少年育成协会(日本 HSK 实施委员会东日本事务局)

   联 系 人:胡荣安

   通讯地址:〒162-0825　东京都新宿区神乐坂 6-35-1

   　　　　　教育センタービル2F

   电　　话:0081-06-6857-3397

   传　　真:0081-06-3269-8414

   　　　　　0081-06-6857-3399

2. 西日本事务局

   承办单位:日本全国大学生活协同组合联合会

   联 系 人:西垣内义则

   通讯地址:〒166-8532　东京都杉并区和田 3-30-22

   　　　　　大学生协会馆

   电　　话:0081-06-6885-6068

   传　　真:0081-03-5307-1205

二、韩国

承办单位:韩中文化协力研究院

　　　　　韩国汉语水平考试实施委员会

联 系 人:李充阳

通讯地址:SEOUL 驿三洞 819-6 河南 B/D 4F

电　　话:0082-2-34524788

专　　真:0082-2-34524787

三、新加坡

承办单位:新加坡中华总商会及新加坡思言学社

联 系 人:卢绍昌或邓莲英

通讯地址:73 Dachess Road 或 47 Hill Street ♯ 09-00

　　　　　Singapore 1026(卢) Singapore 17365(邓)

电　　话:0065-4698687(卢)　3378381(邓)

传　　真:0065-4620750(卢)　3390605(邓)

四、加拿大

1. 温哥华

承办单位:加拿大西蒙弗雷泽大学

联　系　人:王健(Jan W. Walls)

通讯地址:David Lam Centre for Int'l Communication,
Simon Fraser University at Harbour Centre,
515 West Hastings Street
Vancouver,B. C
Canada V6B 5K3

电　　话:001-604-2915111

传　　真:001-604-2915112

2. 蒙特利尔

承办单位:McGill University

联　系　人:王仁忠(Bill Wang)

通讯地址:Department of East Asian Studies,
McGill University
3434 McTavish Street
Montreal,PQ.
Canada H3A 1X9

电　　话:001-514-3986742 转 6743

传　　真:001-514-3981882

3. 埃德蒙顿

承办单位:阿尔伯达大学东亚系

联　系　人:梁丽芳(Laifong Leung)

通讯地址:Department of East Asian Studies
University of Alberta' Edmonton,Alberta
Canada T6G 2E6

电　　话:001-403-4922836

传　　真:001-403-4327440

4. 伦敦市、多伦多

承办单位:Department of Economics,Huron College,
University of Western Ontario,Canada

联　系　人:吴华(Daniel Xu)

通讯地址:1349 Western Rd. London
　　　　　Canada N6G 1H3
电　　话:001-519-4387224 ext. 296(office)
　　　　　001-519-4740107(home)
传　　真:001-519-4383938

五、澳大利亚

1. 墨尔本

承办单位:皇家墨尔本理工大学

联 系 人:陈杨国生

通讯地址:GPO BOX 2476 V,Melbourne,
　　　　　VIC 3001,Australia

电　　话:00613-96604840(office)
　　　　　00613-98850748(home)

传　　真:00613-99254404

2. 悉尼

承办单位:Department of Chinese and Indonesian,
　　　　　The University of New South Walls

联 系 人:Ms. Hans Hendrischke(汉斯)

通讯地址:Department of Chinese,school of Modern
　　　　　Language Studies,Faculty of Arts & Social Sciences,The Uninerssty of
　　　　　New South Walls,N. S. W 2052

电　　话:(612)93852416,93852187

传　　真:(612)93851090

E-mail:H. Hendrischke @ unsw. edu. au

六、德国

承办单位:德国汉诺威中国中心(Chinesisches Zentrum,Hannover E. V)

联 系 人:陶红毅、邱军

通讯地址:Pelikanstr. 13. D-30177 Hannover

电　　话:0049-511-62627790

传　　真:0049-511-62627799

七、法国

承办单位:法国汉语教师协会

联 系 人:白乐桑(Joel BELLASSEN)

通讯地址:Association Francaise des Professeurs de Chinois C. R. L.

A. O. 54, boulevard Raspail 75006 PARIS

电　　话:0033-1-45650965

传　　真:0033-1-44277898

八、意大利

1. 米兰

承办单位:意大利 HSK 考试办公室

联 系 人:兰珊德(LAVAGNINO)

通讯地址:Instituto di Lingue Straniere Via

Conservatorio, 7-I-20122 Milano

电　　话:0039-02-76074559

传　　真:0039-02-76013007,54101180

2. 威尼斯

承办单位:威尼斯大学中文系

联 系 人:阿比亚蒂、玛柯达

通讯地址:Ca' Soranzo san polo,2169-30125,VENEZIA,ITALY

电　　话:0039-041-5204868

传　　真:0039-041720809

九、菲律宾

承办单位:菲律宾华文教育研究中心

联 系 人:黄端铭

通讯地址:Philippine Chinese Education Research Center, P. O. Box 3154, Manila, Philippines 1099

电　　话:0063-2-2511802

传　　真:0063-2-2511802

十、马来西亚

承办单位:董教总华文独中工委会考试局

联 系 人:李华联

通讯地址:Lot 5,Seksyen 10,Jalan Bukit,43000 kajang D. E. Selangor,Malaysia

电　　话:0060-3-87362337-227

传　　真:0060-3-87362779

电子邮件:exam @ djz. edu. my

十一、泰国

承办单位:东方文化书院 Oriental Culture Academy

联 系 人:陈贞煜(Pridee Ksemsap)

通讯地址:87 Charasmuang Rd. Rongmuang. Patumwan. Bangkok 10330, Thailand

电　　话:0066-2-2162828-9

传　　真:0066-2-2162829

十二、俄罗斯

1. 莫斯科

承办单位:莫斯科大学亚非学院中国语文教研室

联 系 人:高辟天教授

通讯地址:(103009)11, Mokhova

ya str. Moscow Russia,

Department of Chinese Philology,

Institute of Asian and African Studies,

Moscow State University

电　　话:(007095)339-40-58

传　　真:(007095)203-36-47

2. 远东

承办单位:俄罗斯远东大学东方学院

联 系 人:哈玛托娃、莫德汉

通讯地址:8 SUKHANOVA ST. VLADIVOSTOK 690600 RUSSIA

电　　话:007-4232261280, 259403

传　　真:007-4232257200

电子邮件:idp @ online. ru

十三、英国

承办单位:英国汉语水平考试委员会

联 系 人:陈同度

通讯地址:124 Euston Road London NW1 2AL U. K.

电　　话:0044-171-3888838

传　　真:0044-171-3888828

十四、越南

    1. 胡志明市

      承办单位：胡志明市师范大学中文系

      联 系 人：潘奇南

      通讯地址：TRỪỜNG-D ẠI HỌC SỰ DH ẠM THÀNH

                   PH Ố H Ồ CHÍ MINH-KHOA TRUNG VĂN

                   222 LÊ VĂN S Ĩ-QU ẬN 3. THÀNH PH Ố

                   H Ồ CHÍ MINH-VI ỆT NAM

      电 话：0084-8-8493416

      传 真：0084-8-8351180

    2. 河内

      承办单位：河内国家大学所属外国语大学

      联 系 人：吴氏青

       通讯地址：NGÔ THI. THANH, KHOA TRUNG

                 -D ẠI HỌC NGO ẠI NG Ữ

                 -D ẠI H ỌC QU ỐC GIA

                 C ẦU-GI ẤY, TỪ-LI ỀM

                 HÀ-N ỘI, VI ỆT-NAM

      电 话：0084-4-8341031

      传 真：0084-4-8346056

十五、新西兰

      承办单位：奥克兰理工学院

      联 系 人：梁志华

      通讯地址：Zhihua Liang, Senior Lecturer,

                 School of Languages,

                 Auckland Institue of Technology,

                 Private Bag 92006

                 Auckland 1020 New Zealand

      电 话：00-64-9-9179999 ext. 6107

      传 真：00-64-9-9179978

十六、美国

　　1. 密西根

　　　　承办单位:密西根大学

　　　　联 系 人:陈青海

　　　　通讯地址:ASIAN LANGUAGES AND CULTURES,

　　　　　　　　　UNIVERSITY OF MICHIGAN,

　　　　　　　　　3070 FRIEZE BUILDING ANN ARBOR

　　　　　　　　　MY 48109-1285,USA

　　　　电　　话:001-734-7649111(0),5720227(H)

　　　　传　　真:001-734-6470157

　　2. 纽约

　　　　承办单位:纽约大学

　　　　联 系 人:何文潮,焦晓晓

　　　　通讯地址:Faculty of Arts and Science,

　　　　　　　　　East Asian Studies Program 715 Broadway,

　　　　　　　　　3rd Floor New York,NY 10003-6806,USA

　　　　电　　话:001-212-9989068、9989065

　　　　传　　真:001-212-995462

　　3. 休斯顿

　　　　承办单位:休斯顿大学亚美研究中心 HSK 委员会

　　　　联 系 人:邹亚莉

　　　　通讯地址:Yali zou,Director of HSK Committee,

　　　　　　　　　Asian American Studies Center,

　　　　　　　　　450 Farish Hall University of Houston,

　　　　　　　　　TX 77204 U. S. A

　　　　电　　话:001-713-743-9863

　　　　传　　真:001-713-743-9836

十七、奥地利

　　　　承办单位:维也纳大学汉学系

　　　　联 系 人:奥托·罗致德

　　　　电　　话:0043-1-4277-43601

　　　　传　　真:0043-1-4277-9-436

　　　　E-mail:Sinologie @ univie. ac. at

十八、芬兰

承办单位:于维斯屈莱大学语言中心

(Language Centre, University of Jyvaskyla)

联 系 人:李臻怡

通讯地址:Main Campus, Building Oppio

P. O. Box35

Fin-40351 Jyvaskyla, Finland

电　　话:00358-14-601554

传　　真:00358-14-601541

十九、比利时

承办单位:根特大学

联 系 人:巴得胜

通讯地址:BLANDIJNBERG 2-9000 GENT, BELGIUM

电　　话:0032-9-2644156

传　　真:0032-9-2644194

二十、瑞典

承办单位:隆德大学

联 系 人:罗斯

通讯地址:LUND UNIVERSITY, P. O. B. 792, SE-22007 LUND, SWEDEN

电　　话:

传　　真:0046-46-2224432

二十一、丹麦

承办单位:奥尔胡斯大学东亚学院,

丹麦丹中桥语言服务公司

联 系 人:杨晓珑

通讯地址:FREDENSGADE 12, 8382, HINNERUP, DEMARK

电　　话:0045-86986788

传　　真:0045-86986718

电子邮件:china. link @ image. dk

二十二、匈牙利

承办单位:罗兰大学
联 系 人:Dr. Imre Hamar
通讯地址:Department of East Asian Studies,
　　　　Eotvos lorand University,
　　　　H-1088 Budapest Muzenum Krt. 4/B,Huangary
电　　话:0036-1-2660858
传　　真:0036-1-2665699

图书在版编目(CIP)数据

HSK(高等)模拟试题集/孙瑞珍,吴叔平编著 .
—北京:华语教学出版社,2001.4

ISBN 7-80052-779-4

Ⅰ.H… Ⅱ.①孙…②吴… Ⅲ.对外汉语教学-
水平考试-试题 Ⅳ.H195-44

中国版本图书馆 CIP 数据核字(2001)第 14138 号

汉语水平考试(HSK)模拟试题集(高等)

主　　编	红　尘	
策　　划	单　瑛	
责任编辑	曲　径	
封面设计	纸飞机	
出　　版	华语教学出版社	
社　　址	北京百万庄大街 24 号	邮政编码　100037
电　　话	(010)68995871　　68326333	
传　　真	68326333	
印　　刷	北京市宏文印刷厂	
经　　销	全国新华书店	
开　　本	16 开(787×1092)	
印　　数	1—8 000	印　张　12.5
版　　次	2001 年 9 月第 1 版第 1 次印刷	
标准书号	ISBN 7-80052-779-4/G·386(外)	
定　　价	32.00 元	